戴麗珠寫定

東坡禪喜集新書

文史哲出版社印行

國家圖書館出版品預行編目資料

東坡禪喜集新書 / 戴麗珠寫定. -- 初版. -- 臺北市, 文史哲, 民 89
面 ： 公分
ISBN 957-549-263-3 (平裝)

1.禪宗

226.65 89001420

東坡禪喜集新書

寫定者：戴 麗 珠
出版者：文 史 哲 出 版 社
登記證字號：行政院新聞局版臺業字五三三七號
發行人：彭 正 雄
發行所：文 史 哲 出 版 社
印刷者：文 史 哲 出 版 社
臺北市羅斯福路一段七十二巷四號
郵政劃撥帳號：一六一八〇一七五
電話 886-2-23511028 · 傳真 886-2-23965656

實價新臺幣二〇〇元

中華民國八十九年二月初版

ISBN 957-549-263-3

東坡禪喜集新書　目錄

贊第二……二三

偈第三……四五

壹、緒　言

現行蘇東坡禪喜集共有六本，最早的是明陳繼儒選的萬曆刊本（現藏於史語所），共九卷。其次爲明天啓辛酉（一年）吳興凌氏刊朱墨套印本，接著爲一九三三年上海商務印書館影印本、一九八二年臺北老古出版社刊本、一九八四年新店彌勒出版社刊本、一九九三年臺北新文豐出版社刊本。縱觀六本大同小異，其中以凌氏刊朱墨套印本爲最全最精（現藏於國家圖書館），今以此本爲主校記寫定爲新書。

貳、東坡禪喜集新書

戴麗珠寫定

一、頌第一

釋迦文佛頌并引

端明殿學士兼翰林侍讀蘇軾，爲亡妻同安郡君王氏閏之，請奉議郎李公麟，敬畫釋迦文佛及十大弟子。元祐八年十一月十一日，設水陸道場供養。軾拜手稽首而作頌曰：

我願世尊，足指按地，三千大千，淨琉璃色，其中衆生靡不解脫。如月出時，眠者皆作。如雷霆時，蟄者皆動。同證無上，永不退轉。

阿彌陀佛頌并序

錢塘圓照律師，普勸道俗，歸命西方極樂世界阿彌陀佛。眉山蘇軾，敬捨亡母，蜀郡太君程氏遺留簪珥，命工胡錫采畫佛像，以薦父母冥福。謹再拜稽首而獻頌曰：

佛以大圓覺，充滿河沙界。我以顚倒想，出沒生死中。云何以一念，得往生淨土。我造無始業，本從一念生。既從一念生，還從一念滅。生滅滅盡處，則我與佛同。如投水海中，如風中鼓橐。雖有大聖智，亦不能分別，願我先父母，與一切衆生。在處爲西方，所遇皆極樂，人人無量壽，無往亦無來。

觀世音菩薩頌并引

金陵崇因禪院長老宗襲，自以衣鉢造觀世音像，極相好之妙。予南遷，過而禱焉，曰：吾北歸，當復過此而爲之頌。建中靖國元年五月日，自海南歸至金陵。乃作頌曰：

慈近乎仁，悲近乎義，忍近乎勇，憂近乎智。四者似之而卒非是。有大圓覺，平等無二。無冤故仁，無親故義，無人故勇、無我故智。彼四雖近，有作有止。此四本無，有取無匱。有二長者，皆樂檀施，其一大富，千金日費。其一甚貧，百錢而已。我說二人等無有二。吁觀世音，淨聖大士，偏滿空界。挈攜天地，大解脫力，非我敢議。若其四無，我亦如此。

石恪畫維摩頌

我觀衆工工一師，人持一藥療一病。風勞欲寒氣欲暖，肺肝胃腎更相克。挾方儲藥如丘山，卒無一藥堪施用。有大醫王拊掌笑，謝遣衆工，病隨癒。問大醫王以何藥，還是衆工所用者。我觀三十二菩薩，各以意談不二門。而維摩詰默無語，三十二義一時墮。我觀此義亦不墮，維摩初不離是說。譬如油蠟作燈燭，不以火點終不明。忽見默然無語處，三十二說皆光焰。佛子若讀維摩經，當作是念爲正念。我觀維摩方丈室，能受九百萬菩薩，三萬二千師子坐，我悉容受不迫迮。又能分布一鉢飯，饜飽十方無量衆。斷取妙喜佛世界，如持鍼鋒一棗葉。云是菩薩不思議，住大解脫神通力。我觀石子一處士，麻鞋破帽露兩肘，能使筆端出維摩，神力又過維摩詰。若云此畫無實相，毗耶城中亦非實，佛子若見維摩像，應作此觀爲正觀。

十八大阿羅漢頌并引

蜀金水張氏，畫十八大阿羅漢。軾謫居儋耳，得之民間。海南荒陋，不類人世，此畫何自至哉？久逃空谷，如見師友。乃命過躬易其裝標，設燈塗香果以禮之。張氏以畫羅漢，有名。唐宋，蓋世擅其藝，今成都僧敏行。其玄孫也。梵相奇古，學術淵博，蜀人皆曰：此羅漢化生其家也。軾外祖父程公少時遊京師，還遇蜀亂，絕糧不能歸。困臥旅舍，有僧十六人往之曰：我公之邑人也，各以錢二百貸之。公以是得歸，竟不知僧所在？公曰：此阿羅漢也。歲設大供四，公年九十，凡設二百餘供。今軾雖不親覩其人，而困厄九死之餘，鳥言卉服之間。乃獲此奇勝，豈非希闊之遇也哉。乃各即其體像而窮其思致，以為之頌：

第一尊者，結跏正坐，蠻奴側立，有鬼使者，稽顙於前，侍者取其書通之。頌曰：月明星稀，孰在孰亡。煌煌東方，惟有啓明。咨爾上座，及阿闍梨。代佛出世，惟大弟子。

第二尊者，合掌趺坐，蠻奴捧槓於前，老人發之，中有琉璃缾，貯舍利十數。頌曰：佛無滅生，通塞在人。墻壁瓦礫，誰非法身。尊者斂手，不起於坐。示有敬耳，起心則那。

第三尊者，扶烏木，養和正坐，下有白沐猴獻果，侍者執盤受之。頌曰：我非標人，人莫吾識。是雪衣者，豈具眼隻。方食知獻，何媿於猿。為語柳子，勿憎王孫。

第四尊者，側坐屈三指，答胡人之問。下有蠻奴捧函，童子戲捕龜者。頌曰：

彼問云何，計數以對。爲三爲七，莫有知者。雷動風行，屈信指間，汝觀明月，在我指端。

第五尊者，臨淵濤，抱膝而坐，神女出水中，蠻奴受其書。頌曰：

形與道一，道無不在。天宮鬼府，奚往而礙。婉彼奇女，躍於濤瀧。神馬尻輿，攝衣從之。

第六尊者，右手支頤，左手拊稺師子。顧視侍者擇瓜而剖之。頌曰：

手拊雛猊，目視瓜獻。甘芳之意，若達於面。六塵並入，心亦徧知。即此知者，爲大摩尼。

第七尊者，臨水側坐，有龍出焉。吐珠其手中，胡人持短錫杖，蠻奴捧鉢而立。頌曰：

我以道眼，爲傳法宗。爾以願力，爲護法龍。道成願滿，見佛不怍。盡取玉函，以畀思邈。

第八尊者，並膝而坐，加肘其上。侍者汲水過前，有神人湧出於地，捧盤獻寶。頌曰：

爾以捨來，我以慈受。各獲其心，寶肉，匠爾，取與則同。我爾福德，如四方空。

第九尊者，食已撲鉢，持數珠誦呪。而坐下有童子構火具茶，又有埋筒注水蓮池中者。頌曰：

飯食已畢，撲鉢而坐。童子茗供，吹籥發火。我作佛事，淵乎妙哉。空山無人，水流花開。

第十尊者，執經正坐，有仙人侍女，焚香於前。頌曰：

飛仙玉潔，侍女雲眇，稽首炷香，敢問至道，我道大同，有覺無修。豈不長生，非我所求。

第十一尊者，趺坐焚香。侍者拱手，胡人捧函而立。頌曰：

前聖後聖，相喻以言。口如布穀，而意莫傳。鼻觀寂如，諸根自例。孰知此香，一炷千偈。

第十二尊者，正坐入定枯木中，其神騰出於上，有大蟒出其下。頌曰：

默坐者形，空飛者神。二俱非是，孰爲此身。佛子何爲，懷毒不已。願解此相，問誰縛爾。

第十三尊者，倚杖垂足側坐。侍者捧函而立，有虎過前，有童子怖匿而竊窺之。頌曰：

是與我同，不噬其妃。一念之差，墮此髬霈。導師悲憫，爲爾顰歎。以爾猛烈，復性不難。

第十四尊者，持鈴杵正坐誦呪。侍者整衣於右，胡人橫短錫，跪坐於左。有虬一角，若仰訴者。頌曰：

彼髯而虬，長跪自言。特角亦來，身移怨存，以無言音，誦無說法。風止火滅，無相仇者。

第十五尊者，須眉皆白，袖手趺坐，胡人拜伏於前。蠻奴手持拄杖，侍者合掌而立。頌曰：

聞法最先，事佛亦久。耄然衆中，是大長老。薪水井臼，老矣不能摧伏魔軍，不戰而勝。

第十六尊者，橫如意趺坐下，有童子發香篆，侍者注水花盆中。頌曰：

盆花浮紅，篆烟繚青。無問無答，如意自橫。點瑟既希，昭琴不鼓。此間有曲，可歌可舞。

第十七尊者，臨水側坐，仰觀飛鶴。其一既下集矣，侍者以手拊之。有童子提手籃取果實投水中。頌曰：

引之浩茫，與鶴皆翔。藏之幽深，與魚皆沉。大阿羅漢，入佛三昧，俯仰之間，再拊海外。

第十八尊者，植拂支頤，瞪目而坐，下有童子，破石榴以獻。頌曰：

植拂支頤，寂然跏趺。尊者所游，物之初耶。聞之於佛，及吾子思。名不用處，是未發時。

跋尾

佛滅度後，閻浮提眾生，剛狠自用，莫肯信入，故諸賢聖皆隱不現。獨以像設遺言，提引未悟。而峩眉、五臺、廬山、天台，猶出光景變異，使人了然見之。軾家傳十六羅漢像，每設茶供，則化爲白乳，或凝爲雪花。桃李芍藥，僅可指名，或云羅漢慈悲深重，急於接物，故多現神變，儻其然乎？今於海南得此十八羅漢像，以授子由弟，使以時修，敬遇夫婦生日，輙設供以祈年集福。并以前所作頌寄之，子由以二月二十日生，其婦德陽郡夫人史氏，以十一月十七日生，是歲中元日題。

魚枕冠頌

瑩淨魚枕冠，細觀初何物。形氣偶相值，忽然而爲魚。不幸遭網罟，剖魚而得枕。方其得枕時，是枕非復魚，湯火就模範，巉然冠五岳。方其爲冠時，是冠非復枕。成壞無窮已，究竟亦非冠。假使未變壞，送與無髮人。簪導無所施，是名爲何物。我觀此幻身，已作露電觀。而況身外物，露電亦無有。佛子慈閔故，願受我此冠，若見冠非冠，即知我非我。五濁煩惱中，清淨常歡喜。

答孔子君頌

夢中投井，入半而止。出入不能，本非住處。我今何爲，自作此苦。忽然夢覺，身在床上。不知向來，本元無井。不應復作，出入住想。道無深淺，亦無遠近。見物失空，空未嘗滅，物去空現，亦未嘗生。應當正念，作如是觀。

禪戲頌

已熟之肉無復活理，投在東坡無礙羹釜中，有何不可？問天下禪和子，且道是肉是素。喫得是、喫不得是。大奇大奇，一盌羹勘破天下禪和子。

答子由頌并引

子由問黃蘗長老疾云：五蘊皆非四大空，身心河嶽盡圓融，病根何處容他住，日夜還將藥石攻，不知黃蘗如何答？老僧代云：

有病宜須著藥攻，寒時火燭熱時風。病根既是無容處，藥石還同四大空。

東坡羹頌并叙

東坡羹，蓋東坡居士所煮菜羹也，不用魚肉五味，有自然之甘。其法以菘、若蔓菁、若蘆菔、若薺、皆揉洗數過，去辛苦汁。先以生油少許塗釜緣及瓷盌下，菜湯中入生米爲糝，及少生薑，以油盌覆之不得觸，觸則生油氣，至熟不除。其上置甑，炊飯如常法，盌不可遽覆，須生菜氣出盡，乃覆之。羹每沸湧，遇油輙下，又爲盌所壓，故終不得上。不爾，羹上薄飯，則氣不得達而飯不熟矣。飯熟，羹亦爛，可食。若無菜，用瓜茄皆切破，不揉洗，入罨熟赤豆與粳米半爲糝，餘如煮菜法。應純道人將適廬山，求其法以遺山中好事者。以頌問之。

甘苦常從極處回，鹹酸未必是鹽梅。問師此個天眞味，根上來麼塵上來。

食豆粥頌

道人親煮豆粥，大衆齊念般若。老夫試挑一口，已覺西家作馬。

醉僧圖頌

人生得坐且穩坐，劫劫地走覓什麼。今年且痾東禪屎，明年去拽西林磨。

二、贊第二

如來出山相贊

頭鬅鬙、耳卓朔、適從何處來。碧色眼有角，明星未出萬家間。外道天魔皆奏樂，錯不錯。安得無上菩提，成等正覺。

阿彌陀佛贊并序

蘇軾之妻王氏、名閏之，字季章，年四十六。元祐八年八月一日，卒於京師，臨終之夕，遺言捨所受用，使其子邁、迨、過爲畫阿彌陀佛。紹聖元年六月九日像成，奉安於金陵清涼寺。贊曰：

佛子在時百憂繞，臨行一念何由了。口誦南無阿彌陀，如日出地萬國曉，何況自捨所受用，畫此圖滿天日表。見聞隨喜悉成佛，不擇人天與蟲鳥。但當長作平等觀，本無憂樂與壽夭。丈六金身不爲大，方寸千佛夫豈小，此心平處是西方，閉眼便到無魔嬈。

藥師琉璃光佛贊幷引

佛弟子蘇籥與其妹德孫，病久不瘉。其父過，母范氏，供養祈禱藥師琉璃光佛，遂獲痊損。其大父軾，特爲造畫尊像，敬拜手稽首。爲之頌曰：

我佛出現時，衆生無病惱。世界悉琉璃，大地皆藥草。我今衆稺孺，仰佛如翁媼。因願既圓平，風末亦除掃。弟子籥與德，前世衲衣老，敬造世尊像，壽命仗佛保。

繡佛贊

凡作佛事，各以所有。富者以財，壯者以力。巧者以技，辯者以言。若無所有，各以其心。見聞隨喜，禮拜讚嘆。曾未及彼，一鍼之勞，而其獲報，等無有二，若復緣此，得度成佛，則此繡者，乃是導師。

靜安縣君許氏繡觀音贊

太岳之裔，邑於靜安。學道求心，妙湛自觀，觀觀世音，凜不違顏。三年之後，心法自圓。聞思修王，如日現前，心識其容，口莫能言。發於六用，以所能傳。自手達鍼，自鍼達線。爲鍼幾何？巧歷莫算。鍼若是佛，佛當千萬。若其非佛，此相曷緣。孰融此二，爲不二門，拜手敬贊，東坡老人。

應夢觀音贊

稽首觀音，宴坐寶石。忽忽夢中，應我空寂。觀音不來，我亦不往。水在盆中，月在天上。

傅大士贊

善慧執板，南泉作舞。借我門槌，爲君打鼓。

觀音羅漢贊十七首并引

興國浴室院法眞大師慧汶，傳寶禪月大師貫休所畫十六大阿羅漢。左朝散郎集賢校理歐陽棐，爲其女爲軾子婦者，捨所服用裝新之。軾亦家藏度州小孟畫觀世音，捨爲中尊。各作贊一首，爲亡者追福滅罪。

觀音贊

衆生墮八難，身心俱喪失。惟有一念在，能呼觀世音。火坑與刀山，猛獸諸毒藥，衆苦萃一身。呼者常不痛，呼者若自痛，則必不能呼。若其了不痛，何用呼菩薩。當自救痛者，不煩觀音力。衆生以二故，一身受衆苦。若能眞不二，則是觀世音，八萬四千人，同時俱赴救。

羅漢贊

第一

正坐斂眉，扼腕立拂。問此大士，爲言爲默。默如雷霆，言如墻壁。非言非默，百祖是式。

第二

旃檀非煙，火亦無香。是從何生，俯仰在亡。彈指贊嘆，善思念之。是一炷香，是天人師。

第三

我觀西方，度無量國。諸佛陀耶，在我掌握。右顧曄然，汝則皆西。隨我所印，識道不迷。

第四

袖手不言，跏趺終日。兩眉雖舉，六用皆寂。寂不爲身，動不爲人。天作時雨，山川出雲。

第五

掌中浮圖，舍利所宅。放大光明，照十方刹。櫝而藏之，了無見聞。衆所發心，與佛皆存。

第六

手中竹根，所指如意。云何不動，無意可指。食已宴坐，便腹果然。是中空洞，以受世間。

第七

梵書旁行，俛首注視。不知有經，而況字義。佛子云何，飽食晝眠。勤苦功用，諸佛亦然。

第八

衆生顚倒，爲物所轉。我轉是珠，以一貫萬。過現不住，未則未來。舉珠示人，孰爲輪迴。

第九

栢子庭際，正覺妙慧，悟最上乘，了第一義。爲大摩尼，傳雞足衣。

示現虛寂，端坐俛眉。

第十

半肩磨衲，爲誰緩頰。彼以誠叩，此緣問答。佛意玄微，有覺無爲。
肉眼執著，捧函捕龜。

第十一

幻體有累，法身無著。幻法兩忘，圓明寥廓。以大願力，援諸有情。
見聞悉入，眞妄一眞。

第十二

長江皎潔，可鑑毛髮。師心水心，一般奇絕。目寓波中，意若擾龍。
眞機掣電，微妙玄通。

第十三

默坐無說，是名妙說。月槃芹獻，花開子結。寶錫一枝，中含眞機。
悟此機者，處土泉飛。

第十四

攝衣跏趺，觀此烟穗。與我定香，本無內外，貝葉琅函，三乘指南。

胡人捧立，云誰啓緘。

第十五

何去何從，叩應感通。如響答聲，聲寂還空。訴者誰覺，皆有佛性。

去爾嗔恚，隨處清淨。

第十六

一般心眼，兩般見解。將人我礦，烹鍊沙汰。廓然圓明，超悟上乘。

示現慈悲，授諸有情。

水陸法像贊并引

蓋聞淨明之鉢，屬饜萬口。寶積之蓋，徧覆十方。若知法界本造於心，則雖凡夫皆具此理。昔在梁武皇帝，始作水陸道場，以十六名，盡三千界。用狹而施博，事約而理詳。後生莫知，隨世增廣，若使一二而悉數，雖至千萬而靡周。惟我蜀人，頗存古法，觀其像設，猶有典刑。虔召請於三時，分上下者八位，但能起一念於慈悲之上，自然撫四海於俛仰之間。軾敬發願心，具嚴繪事。而大檀越張侯致禮樂聞其

事，共結勝緣。請法雲寺法俑禪師善本，善擇其徒，修營此會。永爲無礙之施，同守不刊之儀。軾拜手稽首，各爲之贊。凡十六首

上八位

一切常住佛陀耶衆

謂此爲佛，是事理障。謂此非佛，是斷滅相。事理既融，斷滅亦空。佛自現前，如日之中。

一切常住達摩耶衆

以意爲根，是謂法塵。以佛爲體，是謂法身。風止浪靜，非有別水。放爲江河，滙爲沼沚。

一切常住僧伽耶衆

佛既強名，法亦非身。神而明之，存乎其人。惟佛法僧，非三非一。如雲出雨，如水現日。

一切常住大菩薩衆

神智無方，解脫無礙。以何因緣，得大自在。障盡願滿，反於自然。

無始以來，亡者復存。

一切常住大辟支迦衆

現無佛處，修第二乘。如日入時，膏火爲燈。我說二乘，如應病藥。敬禮辟支，即大圓覺。

一切常住大阿羅漢衆

大不可知，山隨綫移。小入無間，澡身薰持。我雖不能，能設此供，知一切人，具此妙用。

一切五通神仙衆

孰云飛仙、高舉違世，湛然神凝、物不疵厲。爲同爲異，本自無同。契我無生，長生之宗。

一切護法龍神衆

外道壞法，如刁截風。壞者既妄，護者亦空。偉茲龍神。威而不怒，示有四友，佛之禦侮。

下八位

一切官僚吏從衆

至難者君，至憂者臣。以衆生故，現宰官身。以難爲易。以憂爲樂。
樂兼萬人，禍倍衆惡。

一切天衆

苦極則修，樂極則流。禍福無窮，糾纏相求。遂起欲色，至非非想。
不如一念，眞發無上。

一切阿修羅衆

正念淳想，則爲飛行。毫釐之差，遂墮戰爭。以此爲道，宂胸隕首。
是眞作家，當師子吼。

一切人衆

地獄天宮，同一念頭。涅槃生死，同一法性。抱寶號窮，鑽宂索空。
今夕何夕，當選大雄。

一切地獄衆

汝一念起，業火熾然。非人燔汝，乃汝自燔。觀法界性，起滅電速，知惟心造，是破地獄。

一切餓鬼衆

說食無味，涎流妄噉。眞食無火，中虛妄見。美從妄生，惡亦幻成。知幻即離，既飽且寧。

一切畜生衆

欲人不知，心則有負。此念未成，角尾已具。集我道場，一洗濯之。盡未來刦，愧者勿爲。

一切六道外者衆

陋劣之極，蕩於眇冥。胎卵濕化，莫從而生。聞吾法音，飆起雷動。如夢覺人，不復見夢。

自海南歸過清遠峽寶林寺敬贊禪月所畫十八大阿羅漢

第一賓度羅跋囉墮尊者

白氎在膝，貝多在巾。目視超然，忘經與人。面顱百皺，不受刀筒。無心掃除，留此殘雪。

第二迦諾迦代蹉尊者

耆年何老，粲然復少。我知其心，佛不妄笑。嗔喜雖幻，笑則非嗔。施此無憂，與無量人。

第三迦諾迦跋梨隨闍尊者

揚眉注目，拊膝橫拂。問此大士，爲言爲默。默如雷霆，言如墻壁。非言非默，百祖是式。

第四蘇頻陀尊者

聃耳垂肩，綺眉覆顴。佛在世時，見此耆年。開口誦經，四十餘齒。時聞雷雹，出一彈指。

第五諾矩羅尊者

善心爲男，其室法喜。背癢孰爬，有木童子。高下適當，輕重得宜。使眞童子，能如茲乎。

第六跋陀羅尊者

美狠惡婉，自昔所聞。不圓其輔，有圓者存。現六極相，代衆生報。

使諸佛子，具佛相好。

第七迦理迦尊者

佛子三毛，髮眉與須。既去其二，一則有餘。因以示衆，物無兩遂。既得無生，則無生死。

第八代闍羅弗多尊者

兩眼方用，兩手自寂。用者注經，寂者寄膝。二法相忘，亦不相捐。是四句偈，在我指端。

第九戒博迦尊者

一劫七日，刹那三世。何念之勤，屈指默計。屈者已往，信者未然。孰能住此，屈信之間。

第十半託迦尊者

垂頭沒肩，俛目注視。不知有經，而況字義。佛子云何，飽食晝眠。勤苦功用，諸佛亦然。

第十一羅怙羅導者

面門月滿，瞳子電爛。示和猛容，作威喜觀。龍象之姿，魚鳥所驚。
以是幻身，爲護法城。

第十二那迦犀那尊者

以惡轆物，如火自爇。以信入佛，如水自濕。垂肩捧手，爲誰虔恭。
大師無德，水火無功。

第十三因揭陀尊者

捧經持珠，杖則倚肩。植杖而起，經珠乃閑。不行不立，不坐不臥。
問師此時，經杖何在。

第十四代那婆斯尊者

六塵既空，出入息滅。松摧石隕，路迷草合。逐獸於原，得箭亡弓。
偶然汲水，忽焉相逢。

第十五阿氏多尊者

勞我者皙，休我者黔。如晏如岳，鮮不僻淫。是哀駘它，澹臺滅明，
各妍於心，得法眼正。

第十六注茶半記迦尊者

以口說法，法不可說。以手示人，手去法滅。生滅之中，自然眞常。是故我法，不離色聲。

第十七慶友尊者

以口誦經，以手歎法，是二道場，各自起滅。孰知毛竅，八萬四千。皆作佛事，說法熾然。

第十八賓頭盧尊者

右手持杖，左手拊右。爲手持杖，爲杖持手。宴坐石上，安以杖爲。無用之用，世人莫知。

興國寺浴室院六祖畫贊一首幷序

予嘉祐初，舉進士。館於興國浴室老僧德香之院。浴室之南，有古屋。東西壁畫六祖像。其東刻木爲樓閣，堂宇以障之。不見其全。而西壁三師，皆神宇靖深，中空外夷，意非知是道者，不能爲此。書其上曰蜀僧令宗筆。予初不聞宗名，而家有僞蜀待詔丘文播筆畫相似，殆不可辨。曰宗豈師播者耶。已而問諸蜀父老曰：文播，漢州人。弟曰文曉。而令宗其異父弟，或曰其表弟也。皆善畫山水人物竹石。其品在黃筌句龍爽之間。而文播之子仁慶，尤長於花實羽毛。蜀人趙昌所師者。予去三十一年而中書舍人彭君器資，亦館於是，予往見之。則院中人無復識予者，獨主僧惠汶，蓋當時堂上侍者，然亦老矣。導予觀令宗畫，則三祖依然尚在蔭翳間，予與器資相顧太息。汶曰：嘻去是也何有，乃徙置所謂樓閣臺宇者，北向而出之。六祖相視如言如笑。如以法相授。都人聞之，觀者日衆。汶乃作欄楯以護之，而器資請予爲贊之曰：

少林儫壁，不以爲礙。彌天同輩，不以爲恭。稽首六師，昔晦今明。不去不來，何損何增。俯仰屈信，三十一年，我雖日化，其孰能遷之。

馬祖龐公真贊

南岳坐下，一馬四蹄。踏殺天下，馬後復一老龐。一口吸盡西江，天下是老師腳。西江即渠儂口。不知誰踏誰殺，何緣自吸自受。

辯才大師真贊幷引

予頃年嘗聞妙法於辯才老師。今見其畫像，乃以所聞者贊之：

即之浮雲無窮，去之明月皆同。欲知明月所在，在汝吐霧之中。

僧伽贊

盲人有眼不自知，忽然見日喜而舞。非謂日月有在亡，實自慶我眼根在。泗濱大士誰不見，而有熟視不見者。彼豈無眼業障故，以知見者皆希有。若能便作希有見，從此成佛如反掌。傳摹世間千萬億，皆自大士法身出。蔴田供養東坡贊，見者無數悉成佛。

東林第一代廣慧禪師真贊

忠臣不畏死，故能立天下之大事。勇士不顧生，故能立天下之大名。是人於道亦未也。特以義重而身輕，然猶所立如此，而況於出三界。了萬法。不生不老不病不死，應物而無情者乎。堂堂總公僧中之龍。呼吸爲雲，噫欠爲風。且置是事，聊觀其一戲。蓋將拊掌談笑，不起於坐，而使廬山之下，化爲梵釋龍天之宮。

髑髏贊

黃沙枯髑髏，本是桃李面。而今不忍看，當是恨不見。業風相鼓轉，巧色美倩盼。無師無眼禪，看便成一片。

金山長老寶覺師真贊

望之儼然，即之也溫。是惟寶覺，大士之像，因是識師，是則非師，因師識道，道亦如是。

資福白長老真贊

是是是是資福，白老子身如空。我如爾，無一事。長歡喜，東坡有。老居士，見此眞。欲擬議，未開口。落第二，有一語，略相似，門如市，心如水。

淨因淨照臻老真贊

淨故能照，爲照故淨。亦如是身，孰知其正。四大是假，此反爲眞。從古聖賢，所莫能分。視彼如此，凡賊皆子，喜甲怒乙。雖子猶賊，人方自我。物固相物，是故東坡，即此爲實。

無名和尚傳贊

道無分成，佛無滅生。如影外光，孰在孰亡。如井中空，孰虛孰盈。無名和尚，蓋名無名。

海月辯公真贊幷引

錢塘佛寺之盛，蓋甲天下。道德才智之士，與妄庸巧僞之人，雜處其間，號爲難齊。故於僧職正副之外，別補都僧正一員，簿帳案牒，奔走將迎之勞，專責正副以下，而都師領略其要，實以行解表眾而已。然亦通號爲僧官。故高舉遠引，山栖絕俗之士，不屑爲之，惟清通端雅，外涉世而中遺物者，乃任其事。予通守錢塘時，海月大師惠辯者，實在此位，神宇澄穆，不見慍喜，而緇素悅服。予固喜從之遊，時東南多事，吏治少暇。而予方年壯氣盛，不安厥官，每往見師，清坐相對。時聞一言，則百憂冰解，形神俱泰。因悟莊周所言，東郭順子之爲人。貌而天虛，緣而葆眞，清而容物，物無道，正容以悟之，使人之意也消。蓋師之謂也歟。一日師臥疾，使人請予入山，適有所未暇。旬餘乃往，則師之化四日矣。遺言須予至，乃闔棺。趺坐如生，頂尚溫也。予在黃州，夢至西湖，上有大殿。榜曰：彌勒下生。而故人辯才，海月之流，皆行道其間。師沒後二十一年，予謫居惠州。天竺淨惠師，屬參寥子，以書遺予曰：檀越許與海月作眞贊。久不償此願，何也。予矍然而起，爲說贊曰：

人皆趨世，出世者誰。人皆遺世，世誰爲之。爰有大士，處此兩間，非濁非清，非律非禪，惟是海月，都師之式。庶復見之，眾縛自脫，我夢西湖，天宮化成，見兩天竺，宛如平生。雲坡月滿，遺像在此，誰其贊之，惟東坡子。

湜長老真贊

道與之貌，天與之形。雖同乎人，而實無情。彼眞清隱，何殊丹青。日照月明，雷動風行。夫孰非幻，忽然而成，此畫清隱，可謁雨晴。

光道人真贊

海口山顴，犀顱鶴肩。定眼水止，秀眉月弦。自一而兩，至百億千。即妄而眞，是眞晏然。

小篆般若心經贊

草隸用世今千載，少而習之乎所安。如舌於言無揀擇。終日應對惟所問，忽然使作大小篆。如正行走値牆壁，縱復學之能粗通。操筆欲下仰尋索，譬如鸚鵡學人語，所習則能否則默。心存形聲與點畫，何暇復求字外意，世人初不離世間。而欲學出世間法，舉足動念皆塵垢，而以俄頃作禪律。禪律若可以作得，所不作處安得禪。善哉李子小篆字，其間無篆亦無隸。心忘其手乎忘筆，筆自落紙非我使。正使忽忽不少暇，倏忽千百初無難，稽首般若多心經，請觀何處非般若。

磨衲贊幷序

長老佛印大師了元遊京師，天子聞其名，以高麗所貢磨衲賜之。客有見而歎曰：嗚呼善哉！未曾有也。嘗試與子攝其齊衽，循其鈎絡。舉而振之，則東盡嵎夷，西及昧谷。南放交趾，北屬幽都。紛然在吾箴孔綫蹊之中矣。佛印听然而笑曰：甚矣子言之陋也。吾以法眼視之，一一箴孔，有無量世界，滿中衆生。所有毛竅，所衣之衣。箴孔綫蹊，悉爲世界，如是展轉，經八十反。吾佛光明之所照，與吾君聖德之所被。如以大海注一毛竅，如以大地塞一箴孔。曾何嵎夷、昧谷、交趾、幽都之足云乎。當知此衲非大非小、非短非長、非重非輕、非薄非厚、非色非空。一切世間折膠墮指，此衲不寒。爍石流金，此衲不熱。五濁流浪，此衲不垢。劫火洞然，此衲不壞。云何以有思惟心，生下劣想。於是蜀人蘇軾，聞而贊之曰：

匣而藏之，見衲而不見師。衣而不匣，見師而不見衲。惟師與衲，非一非兩。眇而視之，蟣蝨龍象。

六觀堂贊

我觀衆生，念念爲人。晝不見心，夜不見身。佛言如夢，非想非因。夢中常覺，孰爲形神。我觀衆生，終日疑怖，土偶不然，無罣礙故。佛言如幻，永離愛惡，饑餐畫餅，無有是處。我觀衆生，起滅不停，以是爲故，乃有死生。佛言如泡，泡本無成，能壞能成，雖佛不能。我觀衆生，顚倒已久。以光爲無，以影爲有。佛言光影，我亦擧手，從此永斷。日中狂走。我觀衆生，同遊露中。對面不見，衣沾眼蒙。佛言如露，一照而通。蒙者旣滅，照著亦空。我觀衆生，神通自在。於電光中，建立世界。佛言如電，言發意會。佛子衆生，了無雜壞。垂慈老人，當作是觀。自一至六，六生千萬。生故無窮，一故不亂。東坡無言，孰爲此贊。

東莞資福寺老栢再生贊

生石首肯，㸦松肘回。是心苟眞，金石爲開。堂去栢枯，其留復生。此栢無我，誰爲枯榮。方其枯時，不枯者存。一枯一榮，皆方便門。世人不聞，瓦礫說法。今聞此栢，熾然常說。

羅漢贊

左手持經，右手引帶。爲卷爲開，是義安在。已讀則卷，未讀則開。我無所疑，其音如雷。

三、偈

靈感觀音偈并引

或問居士，佛無不在。云何僧榮。所常供養，觀世音像。獨稱靈感。居士答言，譬如靜夜。天清無雲，我目無病。未有舉頭而不見月。今此畫像，方其畫時，工通清淨，又此僧榮，方供養時，秉心端嚴。不入諸相，無有我人，眾生壽者。則觀世音，廓然自現，爾時居士，作此言已。心開形解，隨其所得。而說偈言：

夫物芸芸，各升其英。爲天蒼蒼，爲日月星。無在不在，容光則明。矧我大士，淵兮淨神。妙湛生光，積光爲形。亭亭空中，靡所倚憑。眷此幻身，如鬼如泯。生則囿物，軒昂權衡。地所不載，而能空行。滅則蕩空，附離四生。不可控摶，矧此亭亭。涕淚請救，摶頰頓纓。如月下照，蓄心寒清，不因修爲，得法眼淨。碎身微塵，莫報聖靈。

無名和尚頌觀音偈

我觀諸佛及菩薩，皆以六塵作佛事。雖有妙智如觀音，根性亦自聞思復。佛子流浪無始劫，未空言語文字性。譬如多財石季倫，知財爲害不早散。手揮金寶棄溝壑，不如施與貧病者。纍纍三百五十珠，持與觀音作纓絡。

觀藏真畫布袋和尚像偈

柱杖指天，布袋著地。掉卻數珠，好一覺睡。

木峰偈并引

元豐七年，臘月朔日，東坡居士過臨淮。謁普照王塔，過襄師房，觀所藏佛骨舍利，山木一峰供養。乃說偈言：

枵然無根，生意永斷。劫火洞然，爲君作炭。

送海印禪師偈并引

海印禪師紀公將赴峩眉，往別太子少保趙公于三衢。公以三詩贈行，復枉道過軾於齊安，亦求一偈。公以元臣大老，功成而歸。軾以非才竊祿得罪而去。禪師道眼了無分別，迺知法界海慧照了萬殊。大小縱横，不相留礙。

直從巴峽逢僧晏，道到東坡別紀公。當時半破峩眉月，還在平羌江水中。

請以此偈附於三詩之末。

南屏激水偈

水激之高如所從來，屈信相報報盡而止，止不失平於以觀法。

佛心鑑偈幷引

軾第三子遇蓄烏銅鑑，圓徑數寸，光明洞澈。元豐八年十一月二日，游登州延洪禪院，院僧文泰，方造釋迦文佛像，乃捨爲佛心鑑。且說偈曰：

鑑中面像熱時炎，無我無造無受者。心花發明照十方，還度如是常沙衆。

送僧應託偈幷引

蘇壽明巢穀僧應託，與東坡居士皆眉山人也。會於黃岡，將之廬山，作偈送之：

一般口眼，兩般腸肚。認取鄉人，聞早歸去。

送壽聖聰長老偈幷序

佛說作止任滅，是謂四病，如我所說。亦是諸佛四妙法門。我今亦作亦止，亦任亦滅。滅則無作，作則無止，止則無任，任則無滅。是四法門，更相掃除，火出木盡。灰飛煙滅。如佛所說不作不止，不任不滅。是則滅病，否即任病。如我所說，亦作亦止，亦任亦滅，是則作病，否即止病。我與佛說，既同是法，亦同是病。昔維摩詰默默無語以對文殊。而舍利佛亦復默然以對天女，此二人者，有何差別，我以是知，苟非其人，道不虛行。時長老聰師自筠來黃，復歸於筠。東坡居士爲說偈言：珍重壽聖師，聽我送行偈。願閔諸有情，不斷一切法。人言眼睛上，一切不可住。我謂如虛空，何物住不得。我亦非然我，而不然彼義。然則兩皆然，否則無然者。

朱壽昌梁武懺贊偈幷序

我觀世間諸得道者，多因苦惱。苦惱之極，無所告訴，則呼父母。父母不聞，仰而呼天。天不能救，則當歸命於佛世尊。佛以大悲方便開示，令知諸苦。以愛爲本，得愛則喜。犯愛則怒，失愛則悲，傷愛則懼。而此愛根，何所從生，展轉觀察，愛盡苦滅。得安樂處，諸佛亦言，愛別離苦，父母離別，其苦無量，於離別中，生離最苦。有大長者，曰朱壽昌，生及七歲，而母捨去，長大懷思，涕泣追求，刺血寫經，禮佛懺悔。四十餘年，乃見其母，念報佛恩，欲度衆苦，觀諸教門，切近周至，莫如梁武。所說懺悔，文既繁重，旨亦淵秘。一切衆生有不能了，乃以韻語，諧諸音律，使一切人，歌詠讚歎。獲福無量，時有居士，蜀人蘇軾，見聞隨喜，而說偈曰：長者失母，常自念言。母本生我，我生母去，有我無母，不如無我。誓以此身，出生入死，母若不見，我亦隨盡。在衆人中，猶如狂人，終日皇皇，四十餘年，乃見其母。我初不記，母之長短，大小肥瘠。云何一見，便知是母，母子天性，自然冥契。如磁如鍼，不謀而合。我未見母，不求何獲，既見母已。即無所求。諸佛子等，歌詠懺文，既懺罪已，當求佛道，如我所說，作求母觀。

十二時中偈幷引

十二時中，常切覺察，這個是什麼？十二月二十日，自泗守席上迴，忽然夢得個消息。乃作偈云：

百衮油鐺裏，恣把心肝煠。遮個在其中，不寒亦不熱。似則是似則未是，不爲遮個不寒熱。那個也不寒熱，咄甚叫做遮個那個。

無相庵偈

出庵見庵，入庵見圓。問此圓相，何所因起。非土非木，亦非虛空。求此圓相，了不可得。乃至無有，無有亦無，是中有相，名大圓覺。是佛心也，是諸魔種。

玉石偈

嘻嘻呀呀三伏中，草木生烟地生火，遺君玉石百有八，願君置之白石盆，注以碧蘆井中泉，遺君肺肝涼如水，熱惱既除心自定，當觀熱相無去來。寒至折膠熱流金。是我法身一呼吸，寒人者冰熱者火，冰火初不自寒熱，一切世間我四大，畢竟誰受寒熱者，願以法水浸摩尼，當觀此石如瓦礫。

寒熱偈

今歲大熱，八十餘日，物我同病，是熱非虛，方其熱時，謂不復涼，及其既涼，熱復安在。凡此寒熱，更相顯見，熱既無有，涼從何立，令我復認此爲涼，後日更涼。此還是熱，畢竟寒熱，爲無爲有。如此分別，皆是衆生，客塵浮想，以此爲達，無有是處，使謂爲迷，則又不可，如火燒木，從木成炭，從炭成灰，爲灰不已，了無一物，當以此偈，更問子由。

僕在黃州戲書，爲江夏李樂道持去，後七年，復相見京師，出此書，茫然如夢中語也。

戲答佛印偈

百千燈作一燈光，盡是恒沙妙法王。是故東坡不敢惜，借君四大作禪床。

養生偈

閑邪存誠，練氣養精。一存一明，一練一清。清明乃極，丹元乃生。坎離乃交，梨棗乃成。中夜危坐，服此四藥，一藥一至，到極則處。幾費千息，閑之廓然，存之卓然。養之郁然，煉之赫然。守之以一，成之以久，功在一日，何遲之有。

易曰：閑邪存其誠，詳味此字，知邪中有誠，無非邪者。閑亦邪也，至於無所閑，乃見其誠者，幻滅滅故，非幻不滅。

王晉卿前生圖偈并引

王晉卿得破墨三昧，又嘗聞祖師第一義，故畫邢和璞房次律論前生圖，以寄其高趣。東坡居士既作破琴詩記夢異矣，復說偈言：

前夢後夢眞是一，此幻彼幻非有二。正好長松水石間，更憶前身後身事。

油水偈并引

熙寧元年七月二十八日，元叔設食嘉祐，謁長老觀佛牙，趙郡蘇某爲之偈曰：

水在油中，見火則起。油水相搏，水去油住。湛然光明，不知有火。在火能定，內外淨故，若不經火，油水同定，非眞定故，見火復起。

地獄變相偈

我聞吳道子，初作酆都變。都人懼罪業，兩月罷屠宰。此畫無實相，筆墨假合成。譬如說食飽，何從生怖汗，乃知法界性，一切惟心造，若人了此言，地獄自破碎。

四、銘：

真相院釋迦舍利塔銘幷序

洞庭之南，有阿育王塔。分葬釋迦如來舍利。嘗有作大施會。出而浴之者，緇素傳捧。涕泣作禮。有比丘竊取其三，色如含桃，大如薏苡，將置之他方。爲衆生福田，久而不能。以授白衣方子明。元豐三年，軾之弟轍，謫官高安，子明以畀之。七年，軾自齊安恩徙臨汝，過而見之。八年，移守文登，召爲尚書禮部郎，過濟南長清眞相院僧法泰，方爲塼塔十有三層，峻峙蟠固，人天鬼神所共瞻仰，而未有以葬。軾默念曰：予弟所寶釋迦舍利，意將止於此耶。昔余先君文安主簿贈中大夫諱洵，先夫人武昌大君程氏，皆性仁行廉，崇信三寶，損館之日，追述遺意，捨所愛作佛事，雖力有所止，而志則無盡。自頃憂患，廢而不舉，將二十年矣。復廣前事，庶幾在此，泰聞踴躍，明年來請於京師。探篋中得金壹兩，銀陸兩，使歸求之衆人，以具棺槨。

銘曰：

如來法身無有邊，化爲舍利示人天。偉哉有形斯有年，紫金光聚飛爲烟。惟有堅固百億千，輪王阿育願力堅，役使空界鬼與仙，分置衆刹奠山川，棺槨十襲閟精圓，神光晝夜發層巓，誰其取此智且權。佛身普現衆目前，昏者坐受遠近遷，冥行黑月墮坎泉。分身來化會有緣，流轉至此誰使然。並包齊魯窮海壖。懭悍柔淑冥愚賢。願持此福達我先，生生世世離垢纏。

廣州東莞縣資福寺舍利塔銘并序

自有生人以來，人之所爲見於世者，何可勝道。其鼓舞天下，經緯萬世，有偉於造物者矣。考其所從生，實出於一念，巍乎大哉是念也。物復有烈於此者乎，是以古之眞人，以心爲法，自一身至一世界，自一世界至百千萬億世界。於屈信臂頃，作百千萬億變。如佛所言，皆眞實語，無可疑者。至於持身厲行練精養志，或乘風而仙，或解形而去，使枯槁之餘，化爲金玉。時出光景，以作佛事者，則多有矣。其見伏去來，皆有時會，非偶然者。予在惠州，或示予以古舍利，狀若覆盂，圓徑五寸，高三寸，重一斤一兩，外密而中疎，其理如芭蕉，舍利生其中無數，五色具。意必眞人大士之遺體，蓋腦之在顱中，顱亡而腦存者。予曰：是當以施僧與衆共之，藏私家非是。其人難之，適有東莞資福長老祖堂來惠州，見而請之，曰：吾方建五百羅漢閣，壯麗甲於南海，舍利當栖我閣上，則以犀帶易之。有自京師至者，得古玉璧，試取以薦舍利，若合符契，堂喜遂并璧持去，曰：吾當以金銀琉璃爲崒堵波置閣上。銘曰：

眞人大士何所修，心精妙明含九州。此身性海一浮漚，委蛻如遺不自收。戒光定力相烝休，結爲寶珠散若旒。流行四方獨此留，帶犀微矣何足酬。璧來萬里端相投，我非予堂堂非求。共作佛事知誰由，瑞光一起三千秋，永照南海通羅浮。

南安軍常樂院新作經藏銘

佛以一口，而說千法。千佛千口，則爲幾說。我法不然，非千非一。如百千燈，共照一室。雖各徧滿，不相壞雜。咨爾學者，云何覽閱。自非正眼，表裡洞達。已受將受，則相陵奪。惟回屢空，無所不悅。是名耳順，亦號莫逆。以此轉經，有轉無竭。道人山居，僻介楚越。常樂我靜，一食破衲。達磨耶藏，勤苦建設。我無一錢，檀波羅蜜。施此法水，以灌爾睫。

大別方丈銘

閉目而視，目之所見。冥冥蒙蒙，掩耳而聽，耳之所聞，隱隱隆隆。耳目雖廢，見聞不斷。以搖其中，孰能開目而未嘗視。如鑑寫容，孰能傾耳，而未嘗聽。如穴受風，不視而見。不聽而聞，根在塵空，湛然虛明。遍照十方地獄天宮。蹈冒水火，出入金石，無往不通。我觀大別三門之外，大江方東，東西萬里，千溪百谷，爲江所同。我觀大別方丈之內，一燈常紅，門門不開，光出於隙，曄如長虹。問何爲然，答而不答，寄之盲聾，但見龐然。秀眉月面，純添點瞳，我作銘詩，相其木魚，與其鼓鐘。

寶月大師塔銘幷序

寶月大師惟簡字宗可姓蘇氏眉山人，於余爲無服兄，九歲事成都中和勝相院慧悟大師，十九得度，二十九賜紫，三十六賜號。其同門友文雅大師惟度，爲成都都僧統，所治萬餘人，鞭笞不用，中外肅服。度博學通古今，善爲詩，至於持律總眾、酬酢事物，則師密相之也。凡三十餘年，人莫知其出於師者。師清亮敏達，綜練萬事，端身以律物，勞己以裕人。人皆高其才、服其心，凡所欲爲，趍成之。更新其精舍之在成都與郫者，凡二百七十三間，經藏一，盧合那阿彌陀彌勒大悲像四。塼橋二十七，皆談笑而成。其堅緻可支一世，師於佛事雖若有爲，譬之農夫畦而種之，待其自成，不數數然也。故余嘗以爲修三摩鉢提者，蜀守與使者，皆一時名公卿。人人與師善，然師嘗罕見寡言，務自卻遠。蓋不可得而親疏者，喜施藥，所活不勝數。少時瘠黑如梵僧。既老而晳若復少者，或曰是有陰德發於面，壽未可涯也。紹聖二年六月九日，始得微疾，即以書告於往來者，敕其子孫，皆佛法大事，無一語私其身，至二十二日，集其徒，問日早暮，及辰日，吾行矣。遂化。年八十四。是月二十六日，歸骨於城東智福院之壽塔。弟子三人，海慧大師士瑜先亡，次士隆，次紹賢，爲成都副僧總。孫十四人，悟遷、悟清、悟文、悟眞、悟緣、悟深、悟微、悟開、悟通、悟誠、悟益、悟權、悟緘、曾孫三人，法舟、法榮、法源，以家法嚴，故多有聞者。師少與蜀人張隱君少愚善，吾先君宗師亦深知之曰：此子才用不減澄觀，若事當有立於世，爲僧亦無出其右者。已而果然。余謫居惠州，舟實來請銘銘曰：

大師寶月，可字簡名。出趙郡蘇東坡之兄。自少潔齊，老而彌剛。領袖萬僧，名聞四方，壽八十四，臘六十五，瑩然摩尼，歸於眞土，錦城之東，松柏森森，子孫如林，蔽芾其陰。

法雲寺鐘銘并序

元豐七年十月有詔大長老圓通禪師法秀住法雲寺，寺成而未有鐘。大檀越駙馬都尉武勝軍節度觀察留後張敦禮與冀國大長公主唱之，從而和者若千人，元祐元年四月鐘成萬斤。東坡居士蘇軾爲之銘曰：

有鐘誰爲撞，有撞誰撞之。三合而後鳴，聞所聞爲五闋一不可得。汝則安能聞，汝聞竟安在，耳視日可聽，當知所聞者，鳴寂寂時鳴。大圓空中師，獨處高廣座。臥士無所著，人引非引人。二俱無所說，而說無說法，法法雖無盡，問則應曰三，汝應如是聞，不應如是聽。

邵伯埭鐘銘并序

邵伯埭之東，寺僧子康募千人爲千斤銅鐘。蜀人蘇軾爲之銘曰：

無量智慧，火燒此無明銅。戒定以爲模。鑄成無漏鐘。以汝平等手，執彼慈悲撞。聲從無有出，遍滿無邊空。

蘇程庵銘并序

程公菴，南華長老辨公，爲吾表弟程德孺作也。吾南遷過之，更其名曰蘇程。且銘之曰：

辨作庵、寶林南，程取之，不爲貪。蘇後到，住者三，蘇既住，程則去，一彈指，三世具。如我說，無是處。百千燈，同一光。一塵中，兩道場。齊說法，不相妨，本無通，安有礙。程不去，蘇亦在，各徧滿，無雜壞。

清隱堂銘

已去清隱，而老崇慶。崇慶亦非，何者爲正。清者其行，隱者其言，非彼非此，亦非中間。在清隱時，念念不住，今者何人，補清隱處，八萬四千，劫火洞然，但隨他去，何處不然。

思無邪齋銘幷序

東坡居士，問法于子由，子由報以佛語曰：本覺必明。無明明覺。居士欣然有得于孔子之言曰，詩三百，一言以蔽之曰思無邪。人有思皆邪也，無思則土木也。石何自得道，其唯有思而無所思乎。於是幅巾危坐，終日不言，明日直視，而無所見。攝心正念，而無所覺。于是得道。乃名其齋曰思無邪，而銘之曰：

大患緣有身，無身則無病。廓然自圓明，鏡鏡非我鏡。如以水洗水，二水同一淨，浩然天地間，唯我獨也正。

談妙齋銘

南華長老，端靜簡潔。浮雲掃盡，但掛孤月。吾宗伯固，通亮英發。大圭不琢，天驥超絕。空空無有，獨設一榻，空毘耶城，奔走竭蹶。二士共談，必說妙法。彈指千偈，卒無所說。有言皆幻，無起不滅。問我何爲，鏤冰琢雪。人人造語，一一說法，孰知東坡，非問非答。

淡軒銘

以船撐船船不行，以鼓打鼓鼓不鳴。子欲察味而辨色，何不坐于淡軒之上，出淡語以問淡叟。則味自味而色自形。吾然後知淡叟之不淡，蓋將盡口眼之變而起無窮之爭，其自謂叢林之一害豈虛名也哉。

夢齋銘并序

至人無夢，或曰：高宗、武王、孔子皆夢，佛亦夢，夢不異覺，覺不異夢。夢即是覺，覺即是夢。此其所以爲無夢也與。衛玠問夢于樂廣，廣對以想，曰：形神不接而夢。此豈想哉。對曰：因也。或問因之說。東坡居士曰：世人之心，因塵而有。未嘗獨立也。塵之生滅，無一念住夢覺之間。塵塵相授，數傳之後，失其本矣。則以爲形神不接，豈非因乎？人有牧羊而寢者，因羊而念馬，因馬而念車，因車而念蓋。遂夢曲蓋鼓吹，身爲王公。夫牧羊之與王公亦遠矣，想之所因，豈足怪乎？居士始與芝相識于夢中，旦以所夢求而得之。今二十四年矣，而五見之。每見輒相視而笑，不知是處之爲何方？今日之爲何日？我爾之爲何人也。題其所寓室曰夢齋。

而子由爲之銘曰：

法身充滿，處處皆一。幻身虛妄，所至非實。我觀世人，生非實中。以寤爲正，以寐爲夢。忽寐所遇，執寤所遭。積執成堅，如丘山高。若見法身，寤寐皆非。知其皆非，寤寐無爲。遨遊四方，齋則不遷。南北東西，法身本然。

菩薩泉銘幷序

陶侃爲廣州刺史，有漁父每夕見神光海上。以白侃，侃使迹之，得金像。視其款識。阿育王所鑄文殊師利像也。初送武昌寒溪寺及侃遷荊州，欲以像行，人力不能動，益以牛車三十乘，乃能至船，船復沒。遂以還寺。其後惠遠法師迎像歸廬山，了無艱礙。山中世以二僧守之。會昌中，詔毀天下寺，二僧藏像錦繡谷。比釋教復興，求像不可得，而谷中至今有光景，往往發見，如峩眉、五臺所見。蓋遠師文集，載處士張文逸之文，及山中父老所傳如此。今寒溪少西數百步，別爲西山寺，有泉出于嵌竇間，色白而甘，號菩薩泉。人莫知其本末。建昌李常謂余，豈昔像之所在乎。

且屬余爲銘。銘曰：

像在廬阜，宵光屬天。旦朝視之，寥寥空山。誰謂寒溪，尚有斯泉。盍往鑒之，文殊了然。

卓錫泉銘幷序

六祖初住曹溪，卓錫泉湧，清涼滑甘。贍足大眾，逮今數百年矣。或時小竭，則眾汲千山下。今長老辨公住山四歲，泉日湧溢，聞知嗟異。爲作銘曰：

祖師無心，心外無學。有來扣者，雲湧泉落。問何從來，初無所從。若有從處，來則有窮。初住南華，集眾須水，水性融會。豈有無理，引錫指名。寒泉自冽，眾渴得飲，如我說法。云何至今，有溢有枯。泉無溢枯，蓋其人乎？辨來四年，泉水洋洋。烹煮濯溉，飲及牛羊。手不病汲，肩不病負，匏勺瓦盂，莫知其故。我不求水，水則許我，孰于祖師，其亦可哉。

參寥泉銘幷序

予謫居黃，參寥子不遠數千里從予于東城，留朞年。嘗與同遊武昌之西山，夢相與賦詩，有寒食清明，石泉槐火之句。語甚美，而不知其所謂。其後七年，予出守錢塘，參寥子在焉。明年，卜智果精舍，居之。又明年，新居成，而予以寒食去郡，實來告行，舍下舊有泉，出石間，是月又鑿石，得泉，加冽。參寥子擷新茶，鑽火，煮泉而瀹之。笑曰：是見于夢九年。衛公之爲靈也久矣。坐人皆悵然太息，有知命無求之意。乃名之參寥泉，爲之銘曰：

在天雨露，在地江湖。皆我四大，滋相所濡。偉哉參寥，彈指八極。退守斯泉，一謙四益。予晚聞道，夢幻是眞。眞即是夢，夢即是眞，石泉槐火，九年而信。夫求何伸，實弊汝神。

石塔戒衣銘

石塔得三昧，初從戒定入。是故常寶護，登壇受戒衣。吾聞得道人，一物亦不留。云何此法衣，補緝成百衲。諸法念已逝，此衣非昔衣，此法非生滅。衣亦無壞者，振此無塵衣。洗此無垢人。壞則隨他去，是故終不壞。

大覺鼎銘

樂全先生，遺我鼎甗。我復以餉，大覺老禪。在昔宋魯，取之以兵。書曰郜鼎，以器從名。樂全東坡，予之以義。書曰：大覺之鼎，以銘從器，挹山之宋。烹以其薪，爲苦爲甘，咨爾學人。

五、書後

書孫元忠所書華嚴經後

余聞世間凡富貴人，及諸天龍鬼神。具大威力者，修無上道難，造種種福業易。所發菩提心，旋發旋忘，如飽滿人，厭棄飲食。所作福業，舉意便成，如一滴水，流入世間，即爲江河。是故佛說此等，眞可畏怖。一念差失，萬劫墮壞，一切龍服，地行天飛。佛在依佛，佛滅依僧。皆以是故，維鎭陽平山二龍，靈變莫測，常依覺實二大比丘，有大檀越孫溫靖公，實能致龍與相賓友，曰雨曰霽，惟公所欲。公之與此二大比丘及此二龍，必同事佛，皆受佛記，故能於未來世，各以願力而作佛事。觀公奏疏本，欲爲龍作廟，又恐血食，與龍增業。故止乞度僧以奉祠宇。公之愛龍，如愛其身。秪令作福，不令造業。若推此心，以及世間，待物如我，待我如物。予知此人，與佛無二。覺既圓寂，公亦棄世。其子元忠，爲公親書華嚴經八十卷，累萬字，無有一點一畫見怠墮相。人能攝心，一念專靜。便有無量應感。而元忠此心盡八十卷，終始若一，予知諸佛悉已見聞，若以此經置此山中，則公與二士若龍，在在處處，皆當相見。共度衆生，無有窮盡，而元忠與予亦當與焉。

書若逵所書經後

懷楚比丘示我若逵所書二經，經爲幾品，品爲幾偈，偈爲幾句，句爲幾字，字爲幾畫。其數無量，而此字畫平等若一，無有高下輕重大小。云何能一，以忘我故，若不忘我，一畫之中，已現二相。而況多畫，如海上沙，是誰磋磨。自然勻平，無有麤細。如空中雨，是誰揮灑，自然蕭散，無有疎密。咨爾楚逵，若能一念，了是法門。于刹那頃，轉八十藏，無有忘失，一句一偈。東坡居士說是法已，復還其經。

書金光明經後

軾之幼子過，其母同安郡君王氏，諱閏之，字季章，享年四十有六。以元祐八年八月一日，卒於京師，殯于城西惠濟院。過未免喪，而從軾遷于惠州，日以遠去其母之殯爲恨也。念將祥除。無以申罔極之痛，故親書金光經四卷。手自裝治。送虔州崇慶禪院新經藏中，欲以資其母之往生也。泣而言于軾曰：書經之勞役矣，不足以望豐報要，當口誦而心通，手書而身履之，乃能感通佛祖，升濟神明而小子愚冥，不知此經皆眞實語耶抑寓言也，當云何見，云何行。軾曰：「善哉！問也。吾嘗聞之張文定公安道曰：佛乘無大小。言亦非虛實。顧我所見如何耳？萬法一致也。我若有見，寓言即是實語。若無所見，實寓皆非。故楞嚴經云：若一衆生未成佛，終不于此取涅槃。若諸菩薩急于度人，不急於成佛。盡三界衆生，皆成佛已。我乃涅槃，若諸菩薩覺知此身無始以來皆衆生相。冤親拒受，內外障護，即卵生相。壞彼成此，損人益己。即胎生相，愛染留連，附記有無。即濕生相，一切幻變，爲己主宰。即化生相，此四衆生相者，與我流轉，不覺不知，勤苦修行。幻力成就，則此四相，仗我諸根，爲涅槃相，以此成佛，無有是處。此二菩薩，皆是正見，乃知佛語，非寓非實。今汝若能爲流水長者，以大願力象，取無礙法水，以救汝流浪渴涸之魚。又能觀諸世間，雖甚可愛而虛幻無實，終非我有者，汝即捨離，如薩埵王子捨身。雖甚可惡而業所驅迫。深可憐憫者，汝即布施，如薩埵王子施虎行，行止捨施，如饑就食，如渴求飲，則道可得，佛可成。母可拔也。過再拜稽首，願書其末，紹聖二年八月一日。

書楞伽經後

楞伽阿跋多羅寶經，先佛所說微妙第一。眞實了義，故謂之佛語心品，祖師達摩以付二祖曰：吾觀震旦所有經教，惟楞伽四卷，可以印心，祖祖相受，以爲心法。如醫之有難經，句句皆理，字字皆法。後世達者，神而明之。如槃走珠，如珠走槃。無不可者，若出新意，而棄舊學，以爲無用。非愚無知，則狂而已。近歲學者，各宗其師，務從簡，便得一句一偈。自謂了證，至使婦人孺子，拍掌嬉笑，爭談禪悅，高者爲名，下者爲利。餘波末流，無所不至，而佛法微矣。譬如俚俗醫師，不由經論，直授方藥，以之療病。非不或中，至于遇病，輒應懸斷死生。則與知經學古者，不可同日語矣。世人徒見其有一至之功，或捷于古人，因謂難經不學而可。豈不悞哉！楞伽義趣幽眇，文字簡古，讀者或不能句，而況遺文以得義，忘義以了心者乎。此其所以寂寥于世，幾廢而僅存也。太子太保樂全先生張公安道，以廣大心，得清淨覺。慶曆中嘗爲滁州，至一僧舍，偶見此經，入手悅然。如獲舊物，開卷未終，夙障冰解。細視筆畫，手迹宛然，悲喜太息，從是悟入，常以經首四偈，發明心要。軾游于公之門三十年矣。今年二月過南都，見公於私第，公時年七十九，幻滅都盡，慧光渾圓，而軾亦老于憂患，百念灰冷，公以爲可教者。乃授此經，且以錢三十萬，使印施于江淮間。而金山長老佛印大師了元曰：印施有盡，若書而刻之則無盡。軾乃爲書之，而元使其侍者曉機走錢塘，求善工刻之板。遂以爲金山常住。元豐八年九月日。朝奉郎新差知登州軍州兼管內勸農事騎都尉借緋蘇軾書。

金剛經跋尾

聞昔有人，受持諸經。攝心專妙，常以手指作捉筆狀，於虛空中。寫諸經法，是人去後，此寫經處，自然嚴淨，雨不能濕，凡見聞者，孰不贊嘆。此希有事，有一比丘，獨拊掌言，惜此藏經，止有半藏。乃知此法，有一念在，即爲塵勞，而況可以聲求色見。今此長者譚君文初，以念親故示入諸相。取黃金屑，書金剛經，以四句偈，悟入本心。灌流諸根，六塵清淨，方此之時，不見有經而況其字。字不可見，何者爲金。我觀譚君，孝慈忠信，內行純備。以是衆善莊嚴此經，色相之外，炳然煥發。諸世間眼，不具正見，使此經法，缺陷不全，是故我說，應如是見，東坡居士，說是法已，復還其經。

書柳子厚大鑒禪師碑後

釋迦以文教其譯于中國，必託于儒之能言者。然後傳遠。故大乘諸經至楞嚴。則委曲精盡，勝妙獨出者。以房融筆授故也。柳子厚南還，始究佛法。作曹谿南嶽諸碑，妙絕古今。而南華今無刻石者，長老重辯師，儒釋兼通，道學純備，以謂自唐至今，頌述祖師者多矣，未有通亮簡正如子厚者。蓋推本其言，與孟軻氏合，其可不使學者晝見而夜誦之。故具石請予書其文。唐史元和中馬總，自虔州刺史遷南安都護，徙桂管經略觀察使及爲刑部侍郎。今以碑考之，蓋自南安遷南海，非桂管也。較退之祭馬公文，亦云自文州抗節番禺。曹谿諡號，決非桂帥所當請。以是知唐史之誤。當以碑爲正。紹聖二年六月九日。

書正信和尚塔銘後

太安楊氏世出名僧，正信表公兄弟三人。其一曰仁慶故眉僧。其一曰元俊，故極樂院主。今太安治平院也。皆有高行，而表公行解超然，晚以靜覺。三人皆與吾先大父職方公，吾先君中大夫遊相善也。熙寧初，軾以服除，將入朝，表公適臥病，入室告別，霜髮寸餘，目光瞭然，骨盡出如畫須菩提像可畏也。軾盤桓不忍去。表曰：行矣，何處不相見。軾曰：公能不遠千里相從乎。表笑曰：佛言生正信家，千里從公無不可者，然吾蓋未也。已而果無恙。至六年，乃寂。是歲軾在錢塘，夢表若告別者，又十五年，其徒法用以其所作偈頌及塔記相示，乃書其末。

書黃魯直李氏傳後

無所厭離，何從出世。無所欣慕，何從入道。欣慕之至，亡子見父。厭離之極，燖雞出湯。不極不至，心地不淨。如飯中沙與飯皆熟，若不含糊，與飯俱嚥。即須吐出，與沙俱棄。善哉佛子，作清淨飯，淘米去沙，終不能盡，不如即用，本所自種，元無沙米，此米無沙，亦不受沙，非不受也，無受處故。

六、記

大悲閣記

大悲者，觀世音之變也。觀世音由聞而覺，始於聞而能無所聞，始於無所聞而能無所不聞。能無所聞，雖無身可也。能無所不聞，雖千萬億身可也。而況于手與目乎？雖然非無身無以舉千萬億身之衆，非千萬億身，無所示無身之至。故散而爲千萬億身，聚而爲八萬四千母陁羅臂，八萬四千清淨寶目，其道一爾。昔吾嘗觀于此，吾頭髮不可勝數，而身毛孔亦不可勝數。牽一髮而頭爲之動，拔一毛而身爲之變。然則髮皆吾頭而毛孔皆吾身也。彼皆吾頭而不能爲頭之用。彼皆吾身而不能具身之智。則物有以亂之矣。吾將使世人左手運斤而右手執削，目數飛鴈而耳節鳴鼓，首肯旁人而足識梯級。雖有智者，有所不暇矣。而況千手異執，而千目各視乎。及吾燕坐寂然，心念凝默，湛然如大明鏡。人鬼鳥獸，雜陳乎吾前，色聲香味，交遘乎吾體，心雖不起而物無不接。接必有道，即千手之出，千目之運，雖未可得見，而理則具矣。彼佛菩薩亦然，雖一身不成二佛，而一佛能遍河沙諸國。非有他也，觸而不亂，至而能應，理有必至，而何獨疑于大悲乎。成都西南大都會也，佛事最勝。而大悲之像，未睹其傑，有法師敏行者，能讀內外教，博通其義，欲以如幻三昧爲一方首，乃以大旃檀作菩薩像，端嚴妙麗，具慈愍性，手臂錯出，開合捧執。指彈摩拊，于態具備。手各有目，無妄舉者，復作大閣以覆菩薩，雄偉壯峙。工與像稱，都人作禮，因敬生悟。余游于四方，二十餘年矣，雖未得歸而想見其處，敏行使其徒法震乞文，爲道其所以然者。且頌之曰：

吾觀世間人，兩目兩手臂，物至不能應，狂惑失所措。其有欲應者，顛倒作思慮。思慮非眞實，無異無手目。菩薩千手目，與一手目同，物至心亦至。曾不作思慮，隨其所當應，無不得其當。引弓挾白羽，劍盾諸械器，經卷及香華，盂水青楊枝。珊瑚大寶炬，白拂朱藤杖。所遇無不執，所執無有疑。緣何得無疑，以我無心故，若猶有心者，千手當千心，一人而千心。內自相攫攘，何暇能應物。千手無一心，手手得其處。稽首大悲尊，願度一切衆。皆證無心法，皆具千手目。

勝相院經藏記

元豐三年，歲在庚申。有大比丘惟簡，號曰寶月。修行如幻三摩鉢提。在蜀成都大聖慈寺，故中和院，賜名勝相。以無量寶黃金丹砂、琉璃眞珠、旃檀衆香。莊嚴佛語及菩薩語，作大寶藏。湧起于海，有大天龍背負而出，及諸小龍糾結環繞。諸化菩薩及護法神，鎭守其門，天魔鬼神，各執其物，以禦不祥。是諸衆寶，及諸佛子，光色聲香，自相磨激，璀璨芳郁，玲瓏宛轉，生出諸相，變化無窮。不假言語，自然顯見。苦空無我，無量妙義。凡見聞者，隨其根性，各有所得。如衆飢人，入于太倉，雖未得食，已有飽意。又如病人，遊於藥市，聞衆藥香，病自衰減。更能取米，作無礙飯。恣食取飽，自然不飢。又能取藥，以療衆病，衆病有盡，而藥無窮，須臾之間，無病可療。以是因緣，度無量衆。時見聞者，皆爭施捨。富者出財，壯者出力，巧者出技，皆捨所愛，及諸結習，而作佛事，求脫煩惱，濁惡苦海。有一居士，其先蜀人，與是比丘，有大因緣。去國流浪在江淮間，聞是比丘，作是佛事。即欲隨衆，捨所愛習，周視其身，及其室廬。求可捨者，了無一物，如焦穀芽，如石女兒，乃至無有毫髮可捨。私自念言，我今惟有，無始已來，結習口業，妄言綺語，論說古今，是非成敗，以是業故。所出言語，猶如鐘磬，黼黻文章，悅可耳目。如人善博，日勝日負。自云是巧，不知是業。今捨此業，作寶藏偈。願我今世，作是偈已。盡未來世。永斷諸業，塵緣妄想，及諸理障，一切世間，無取無捨，無憎無憂，無可無不可，時此居士，稽首西望而說偈言：

我遊眾寶山，見山不見寶。岩谷及草木，虎豹諸龍蛇。雖知寶所在，欲取不可得；
復有求寶者，自言已得寶，見寶不見山，亦未得寶故，譬如夢中人，未嘗知是夢，
既知是夢已。所夢即變滅，見我不見夢。因以我爲覺，不知眞覺者。覺夢兩無有，
我觀大寶藏。如以蜜說甜，眾生未喻故。復以甜說蜜，甜蜜更相說，千劫無窮盡。
自蜜及甘蔗，查黎與橘柚，說甜而得酸，以及鹹辛苦。忽然反自味，舌根有甜相。
我爾默自知，不煩更相說。我今說此偈，于道亦云遠，如眼根自見，是眼非我有。
當有無耳人，聽此非舌言。於一彈指頃，洗我千劫罪。

虔州崇慶禪院新經藏記

如來得阿耨多羅三藐三菩提，日以無所得故而得。舍利弗得阿羅漢道，亦日以無所得故而得。如來與舍利弗若是同乎。日何獨舍利弗。至於百工賤技，承蜩意鉤，履狶畫墁，

未有不同者也。夫道之大小，雖至于大菩薩，其視如來猶若天淵然。及其以無所得故而得。則承蜩意鉤，履狶畫墁，未有不與如來同者也。以吾之所知，推至其所不知，嬰兒生而導之言。稍長而教之書，口必至於忘聲而後能言，手必至於忘筆而後能書。此吾之所知也。口不能忘聲，則語言難于屬文。手不能忘筆，則字畫難于刻雕。及其相忘之至，則形容心術，酬酢萬物之變，忽然而不自知也。自不能者而觀之，其神智妙達，不既超然與如來同手。故金剛經曰：一切賢聖，皆以無爲法而有差別。以是爲技則技疑神，以是爲道則道疑聖。古之人，與人皆學而獨至于是。其必有道矣。吾非學佛者，不知其所自入，獨聞之孔子曰：詩三百，一言以蔽之，曰思無邪。夫有思皆邪也，善惡同而無思則土木也，云何能使有思而無邪，無思而非土木乎？嗚呼，吾老矣，安得數年之暇。托于佛僧之宇，盡發其書，以無所思心，會如來意，庶幾于無所得故而得者。謫居惠州，終歲無事，宜若得行其志，而州之僧舍，無所謂經藏者。獨榜其所屋室曰思無邪齋，而銘之。致其志焉。始吾南遷過虔州，與通守承議郎俞君括游。一日訪廉泉，入崇慶院，觀寶輪藏，君曰：是于江南壯麗爲第一。其費二千餘萬，前長老曇秀始作之，幾于成而寂。今長老惟湜嗣成之，奔走二老之間，勸導經營，銖積寸累，十有六年，而成者，僧知錫也。子能愍此三士之勞，以一言記之乎。吾蓋心許之，俞君博學能文，敏于從政而恬於進取，數與吾書，欲棄官相從學道，自虔罷歸，道病，卒于廬陵。虔之士民，有巷哭者，吾亦為出涕，故作此文以遺湜錫。并論孔子思無邪之意。與吾有志無書之歎，使刻于石，且與俞君結未來之因乎。紹聖二年五月二十七日記。

廣州資福寺羅漢閣碑記

衆生以愛故入生死，由於愛境有逆有順而生喜怒，造種種業，展轉六趣至千萬劫。本所從來，唯有一愛更無餘病，佛大醫王對病為藥，唯有一捨更無餘藥，常以此藥，而治此病，如水救火，應手當滅。云：何衆生，不滅此病，是導師過，非衆生咎。何以故。衆生所愛，無過身體，父母有疾，割肉刺血，初無難色。若復鄰人，從其求乞，一爪一髮，終不可得。有二導師，其一清淨，不入諸相，能知衆生，生死之本，能使衆生，了然見知，不生不死，出輪迴處。是處安樂，堪永依怙，無異父母，支體可捨而況財物。其一導師，以有為心，行有為法，縱不求利，即自求名，譬如鄰人，求乞爪髮，終不可得而況肌肉。以此觀之，愛吝不捨是導師過。設如有人無故取米，投坑穽中，見者為恨。若以此米施諸鳥雀，見者皆喜，鳥雀無知受我此施。何異坑穽。而人自然有喜有慍。如使導師，有心有爲，則此施者，與棄何異？以此觀之，愛吝不捨，非衆生咎。四方之民，皆以勤苦，而得衣食。所得毫末，其苦無量。獨此南越嶺海之民，貿遷重寶，坐獲富樂，得之也易。享之也愧，是故其人以愧故捨。海道幽險，死生之間，曾不容髮，而況飄墮，羅刹鬼國，呼號神天佛菩薩僧，以脫須臾。當此之時，身非己有，而況財物，實同糞土，是故其人以懼故捨，愧懼二法，助發善心，是故越人，輕施樂捨，甲于四方，東莞古邑，資福禪寺，有老比丘，祖堂其名，未嘗戒也而律自嚴，未嘗求也而人自施。人之施堂，如物在衡，損益銖黍，了然覺知，堂之受施，如水涵影，雖千萬過，無一留者。堂以是故，創作五百大阿羅漢嚴淨寶閣，湧地千柱，浮空三成，壯麗之極，寶冠南越。東坡居士見聞隨喜，而說偈言：

五百大士栖此城，南珠大貝皆東傾。衆心回春栢再榮，鐵林東來閣乃成，寶骨未到先通靈，赤蛇白壁珠夜明。三十襲吉誰敢爭，層簷飛空俯日星。海波不搖颶無聲，天風徐來韻流鈴。一洗瘴霧冰雪清，人無南北壽且寧。

薦誠禪院五百羅漢記

熙寧十年，余方守徐州，聞河決澶淵。入巨野，首灌東平，吏民恟懼，不知所爲。有僧應言建策，鑿清泠口，道積水，北入于古廢河，又北東入于海。吏方持其議，言強力辯口，慨然論可決狀甚明。吏不能奪，卒以其言決之，水所入如其言，東平以安，言有力焉。衆欲爲請賞，言笑謝去。余固異其人。後二年，移守湖州，而言自鄆來見余於官，曰吾鄆人也，少爲僧，以講爲事。始錢公子飛使吾創精舍于鄆之東阿，北新橋鎭，且造鐵浮屠十有三級，高伯二十尺，既成而趙公叔平請諸朝。名吾院曰薦誠。歲度僧以守之。今將造五百羅漢像於錢塘，而載以歸。度用錢五百萬，自丞相潞公以下，皆吾檀越也。余于是益知言眞有過人者，又六年，余自黃州遷於汝，過宋而言適在焉，曰像已成，請爲我記之。嗚呼！士以功名爲貴，然論事易，作事難。作事易，成事難。使天下士皆如言，論必作，作必成者，其功名豈少哉，其可不爲一言。

應夢羅漢記

元豐四年正月二十一日，余將往岐亭宿于團封。夢一僧破面流血，若有所訴。明日至岐亭，過一廟中，有阿羅漢像，左龍右虎，儀制甚古。而面爲人所壞，顧之惘然。庶幾疇昔所見乎？遂載以歸，院新而龕之，設于安國寺，四月八日先妣武陽君忌日，飯僧于寺，乃記之。

黃州安國寺記

元豐二年十二月，余自吳興守得罪，上不忍誅。以爲黃州團練副使，使思過而自新焉。其明年二月至黃，舍館粗定，衣食稍給，閉門卻掃，收召魂魄，退伏思念，求所以自新之方。反觀從來舉意動作，皆不中道，非獨今之所以得罪者也。欲新其一，恐失其二，觸類而求之，有不可勝悔者，於是喟然嘆曰：道不足以御氣，性不足以勝習，不鋤其本而耘其末，今雖改之，後必復作。盍歸誠佛僧，求一洗之。得城南精舍，曰安國寺，有茂林修竹，陂池亭榭，間一二日，輒往焚香默坐，深自省察。則物我相忘，身心皆空。求罪始所從生而不可得，一念清淨，染汙自落，表裏翛然。無所附麗，私竊樂之。旦往而暮還者五年于此矣。寺僧曰繼連，爲僧首七年，得賜衣又七年，當賜號欲謝去，其徒與父老相率留之；連笑曰：知足不辱，知止不殆，卒謝去。余以是愧其人。七年余將有臨汝之行，連曰：寺未有記，具石請記之，余不得辭。寺立于僞唐保大二年，始名護國。嘉祐八年，賜今名。堂宇齋閣，連皆易新之。嚴麗深穩，悅可人意，至者忘歸。歲正月男女萬人，會庭中，飲食作樂，且祠瘟神。江淮舊俗也。四月六日，汝州團練副使員外置眉山蘇軾記。

方丈記

年月日住持傳法沙門惟謹，重建方丈。上祝天子萬壽，永作神主，歛時五福，敷錫庶民，地獄天宮，同爲淨土，有性無性，齊成佛道。

南華長老題名記

學者以成佛爲難乎，累土畫沙，童子戲也。皆足以成佛，以爲易乎。受記得道，如菩薩大弟子。皆不任問疾，是義安在？方其迷亂顚倒，流浪苦海之中，一念正眞，萬法皆具，及其勤苦功用，爲山九仞之後。毫厘差失，千刼不復，嗚呼道固如是也。豈獨佛乎？子思子曰：夫婦之不肖，可以能行焉，及其至也。雖聖人亦有所不能焉。孟子則以爲聖人之道，始於不爲穿窬而穿窬之惡。成於言不言，人未有欲爲穿窬者，雖穿窬亦不欲也。自其不欲爲之，心而求之，則穿窬足以爲聖人。可以言而不言，不可以言而言。雖賢人君子有不能免也。因其不能免之過而遂之。則賢人君子有時而爲盜，是二法者，相反而相爲用，儒與釋皆然。南華長老明公，其始蓋學於子思孟子者。其後棄家爲浮屠氏。不知者以爲逃儒歸佛，不知其猶儒也。南華自六祖大鑒示滅，其傳法得眼者，散而之四方，故南華爲律寺，至吾宋天禧三年，始有詔以智度禪師普遂住持，至今明公蓋十一世矣。

明公告東坡居士曰：宰官行世間法，沙門行出世間法。世間即出世間，等無有二，今宰官傳授，皆有題名壁記，而沙門獨無有。矧吾道場實補佛祖處，其可不嚴其傳，子爲我記之。居士曰：諾。乃爲論儒釋不謀而同者，以爲記。

觀妙堂記

不憂道人謂歡喜⋯子曰：來，我所居室，汝知之乎？沈寂湛然，無有喧爭。嗒然其中，死灰槁木，以異而同。我既名爲妙矣。汝其爲我記之。歡喜子曰：是室云何而求我，況乎妙事，了無可觀，既無可觀，亦無可說，欲求少分，可以觀者，如石女兒，終無有欲，求多分可以說者，如虛空花，究竟非實。不說不觀，了達無礙，超出三界，入智慧門。雖然如是置之不可執偏。強生分別，以一味語，斷之無疑。譬用筌蹄以得魚兔，及施燈燭以照丘坑。獲魚兔矣，筌蹄了忘。知丘坑處，燈燭何施？今此居室，孰爲妙與。蕭然是非，行住坐臥，飲食語默，具足衆妙，無不現前。覽之不有，覩之不無。倏知覺知，要妙如此。當持是言，普示來者，入此室時，作如是觀。

法雲寺禮拜石記

夫供養之具，最爲佛事先。其法不一，他山之石，平不容垢，橫展如席。願爲一座具之用。晨夕禮佛，以此皈依。當敬禮無所觀時，運心廣博。無所不在，天上人曰：以至地下，悉觸智光，聞我佛修道時，芻泥巢頂，霑佛氣分，後皆受報，則禮佛也。其心實重，有德者至是禮也。願一拜一起，無過父母，乘此願力，不墮三塗，佛力不可盡，石不可盡，願力不可盡，三者既不可盡，一親獲福，生生世世亦不可盡。今對佛宜白，惟佛實臨之。

靜常齋記

虛而一，直而正，萬物之生芸芸。此獨漠然而自定，吾其命之曰：靜。泛而出，渺而藏。萬物之逝滔滔，此獨且然而不忘，吾其命之曰：常。無古無今，無生無死，無終無始，無後無先，無我無人，無能無否，無離無著，無證無脩。即是以觀，非愚則癡，舍是以求，非病則狂，昏昏默默，了不可得。混混沌沌，茫不可論。雖有至人，亦不可聞，聞爲眞聞，亦不可知，知爲眞知，是猶在聞見之域，而不足以髣髴。況緣迹逐響以希其至，不亦難哉。既以是爲吾號，又以是爲吾室，則有名之累，吾何所逃，然亦超寂之指南，而求道之鞭影乎。

清風閣記

文慧大師應符居成都玉谿上，爲閣曰清風。以書來求文爲記，五返而益勤，余不能已。

戲爲浮屠語以問之曰：符而所謂身者，汝之所寄也。而所謂閣者，汝之所以寄所寄也。身與閣，汝不得有而名。烏乎施名將無所施，而安用記乎。雖然，我爲汝放心遺形而強言之，汝亦放心遺形而強聽之。木生于山，水流于淵，山與淵且不得有，而人以爲己有。不亦惑與天地之相磨，虛空與有物之相推，而風於是焉生。執之而不可得也。逐之而不可及也。汝爲居室而以名之，吾又爲汝記之，不亦大惑與。雖然，世之所謂已有而不惑者，其與是奚辨？若是而可以爲有耶，則雖汝之有是風可也，雖爲居室而以名之。吾又爲汝記之可也，非惑也。風起于蒼茫之間，彷徨乎山澤，激越乎城郭，道路虛徐，演漾以汎，汝之軒窓、欄楯幔帷而不去也。汝隱几而觀之，其亦有得乎。力生于所激，而不自爲力，故不勞。形生於所遇，而不自爲形，故不窮。嘗試以是觀之。

四菩薩閣記

始吾先君於物無所好，燕居如齋，言笑有時。顧嘗嗜畫，弟子門人無以悅之，則爭致其所嗜。庶幾一解其顏，故雖爲布衣而致畫與公卿等。長安有故藏經龕。唐明皇帝所建，其門四達八版，皆吳道子畫。陽爲菩薩，陰爲天王，凡十有六軀。廣明之亂，爲賊所焚。有僧忘其名，於兵火中拔其四版以遁。既重不可負，又迫於賊，恐不能全。遂竅其兩版以受荷，西奔於岐，而寄放于烏牙之僧舍。版留於是百八十年矣。客有以錢十萬得之以示軾者。軾歸其直而取之，以獻諸先君，先君之所嗜，百有餘品，一旦以是四版爲甲。治平四年，先君沒於京師，軾自汴入淮，泝于江，載是四版以歸。既免喪，所嘗與往來浮屠人惟簡，誦其師之言，教軾爲先君捨施，必所甚愛與所不忍捨者。軾用其說，思先君之所甚愛，軾之所不忍捨者，莫若是版。故遂以與之。且告之曰：此明皇帝之所不能守而焚於賊者也。而況於余乎。余視天下之蓄此者多矣。有能及三世者乎。其始求之若不及，既得惟恐失之，而其子孫不以易衣食者鮮矣。余惟自度不能長守此也，是以與子。子將何以守之。簡曰：吾以身守之，吾眼可霍，吾足可斷，吾畫不可奪。若是足以守之歟？軾曰：未也。足以終子之世而已。簡曰：又盟於佛而以鬼守之。凡取是者，與凡以是予人者，其罪如律。若是，足以守之歟？軾曰：未也。世有無佛而蔑鬼者，然則何以守之。曰：軾之以是予子者，凡以爲先君捨也。天下豈有無父之人歟？其誰忍取之。若其聞是而不悛，不惟一觀而已，將必取之，然後爲快。則其人之賢愚與廣明之焚此者一也。全其子孫難矣，而況能久有此乎。且夫不可取者存乎子，取不取者存乎人，子勉之矣。爲子之不可取者而已，又何知焉。既以予簡，簡以錢百萬，度爲大閣以藏之。且畫先君像其上，軾助錢二十之一，期以明年冬，閣成。熙寧元年十月二十六日記。

七、序

送錢塘僧思聰歸孤山叙

天以一生水，地以六成之。一六合而水可見。雖有神禹，不能知其孰為一，孰為六也。子思子曰：自誠明，謂之性；自明誠，謂之教。誠則明矣，明則誠矣。誠明合而道可見。雖有黃帝、孔丘、不能知其孰為誠，孰為明也。佛者曰：戒生定，定生慧，慧獨不生定獨不生定乎？伶玄有言：慧則通，通則流，是焉知眞慧哉！醉而狂，醒而止，慧之生定，通之不流也。審矣。故夫有目而自行，則褰裳疾足，常得大通。無目而隨人，則車輪曳踵，常仆坑穽，慧之生定，速于定之生慧也。錢塘僧思聰，七歲善彈琴，十二捨琴而學書，書既工，十五捨書而學詩，詩有奇語，遂讀華嚴經，入法界海慧，今年二十有九。老師宿儒皆愛敬之。秦少游取楞嚴觀世音語，字之曰聞復。使聰日進而不已。自聞思修以至于道。則華嚴法界海慧，盡為蘧廬。而況書詩與琴乎。雖然古之學道，無自虛空入者，輪扁斵輪、傴僂承蜩，苟可以發其巧智。物無陋者。聰若得道，琴與書皆與有力，詩其尤也。聰能如水鏡，以一含萬，則書與詩當益奇，吾將觀焉。以為聰得道淺深之候。

八、傳

僧圓澤傳

洛師惠林寺，故光祿卿李憕居第。祿山陷東都，憕以居守死之。子源少時以貴游子豪侈，善歌聞于時。及憕死，悲憤自誓，不仕不娶、不食肉，居寺中五十餘年。寺有僧圓澤，富而知音，源與之游，甚密。促膝交語竟日。人莫能測。一日相約，游蜀青城峨眉山。源欲自荊州泝峽，澤欲取長安斜谷路。源不可，曰：吾已絕世事，豈可復道京師哉。澤默然久之，曰：行止固不由人。遂自荊州路，舟次南浦。見婦人錦襠負嬰而汲者。澤望而泣曰：吾不欲由此者，為是也。源驚問之。澤曰：婦人姓王氏，吾當為之子，孕三歲矣。吾不來，故不得乳。今既見，無可逃者，公當以符呪助我速生，三日浴兒時，願公臨我，以笑為信。後十三年，中秋月夜，杭州天竺寺外，當與公相見。源悲悔而為具沐浴易服，至暮澤亡，而婦乳三日，往視之，兒見源果笑。具以語王氏，出家財葬澤山下。源遂不果行，反寺中問其徒，則既有治命矣。後十二年，自洛適吳赴其約，至所約。聞葛洪川畔有牧童扣牛角而歌之曰：三生石上舊精魂，賞月吟風不要論。慚愧情人遠相訪，此身雖異性長存。呼問澤公健否。答曰：李公眞信士，然俗緣未盡，愼勿相近，惟勤修不墮乃復相見。又歌曰：身前身後事茫茫，欲話因緣恐斷腸。吳越山川尋已遍，卻回煙棹上瞿唐。遂去，不知所之。後二年，李德裕奏源忠臣子，篤孝，拜諫議大夫。不就。竟死寺中，年八十。

九、文

南華長老重辯師逸事

契嵩禪師常瞋人，未嘗見其笑；海月慧辯師常喜人，未嘗見其怒。予在錢塘親見二人皆趺坐而化。嵩既荼毘，火不能壞，益薪熾火，有終不壞者五。海月比葬面如生，且微笑。乃知二人以瞋喜作佛事也。世人視身如金玉，不旋踵爲糞土，至人反是。余以是知一切法，以愛故壞，以捨故常在，豈不然哉？予遷嶺南，始識南華重辯長老，語終日，知其有道也。予自海南還，則辯已寂久矣。過南華吊其衆，問塔墓所在，衆曰：我師昔作壽塔南華之東數里。有不悅師者葬之別墓，既七百餘日矣。今長老明公，獨奮不顧，發而歸之壽塔，改棺易衣，舉體如生，衣皆鮮芳，衆乃大服。東坡居士曰：辯視身爲何物，棄之尸陀林以飼烏。烏何有，安以壽塔，爲明公知辨者，特欲以化，服同異而已。乃以茗果奠其塔，而書其事以遺其上足南華塔主可興師。時元符三年十二月十九日。

祭龍井辯才文

嗚呼，孔老異門，儒釋分宦，又于其間禪律相攻。我見大海，有北南東江，河雖殊，其至則同。雖大法師，自戒定通，律無持破，垢淨皆空，講無辯訥，事理皆融，如不動山，如常撞鐘，如一月水，如萬竅風。八十一年，生雖有終，遇物而應，施則無窮。我初適吳，尚見五公，講有辯臻，禪有璉嵩；後二十年，獨餘此翁，今又往矣，後生誰宗，道俗欷歔，山澤改容，誰持一盃，往吊井龍。我去杭時，白叟黃童，要我復來，已許于中，山無此老，去將安從。噫！參寥子往奠必躬，此無他人，莫寫我胸。

捨銅龜子文

蘇州報恩寺重造古塔，諸公皆捨所藏舍利，予無舍利可捨，獨捨盛舍利者。敬爲四恩三有捨之。故人王頤爲武功宰，長安有修古塔者，發舊葬，得之以遺余。余以藏私印。成壞者有形之所不免，而以藏舍利，則可以久存。藏私印或以速壞。貴舍利而賤私印，樂久存而悲速壞，物豈有是哉，余其并是捨之。

十、疏

請淨慈法涌禪師入都疏

京師禪學之盛，發于本秀二公。本既還山，秀復入寂。駙馬都尉張君子來聘法涌，繼揚宗風。東坡居士適在錢塘，實爲敦勸。太丘道廣，廣則難周；仲舉性峻，峻則少通。法涌量子畫沙，已具佛智。維摩無語，猶涉二門。雖吾先師，不異是說。質之孔孟，蓋有成言。不爲穿窬，仁義不可勝用。博施濟衆，堯舜其猶病諸。我願法涌廣大慈悲，印宗仁得仁之侶，深嚴峻峙。訶未證謂證之人，本自不然，伏惟珍重。

重請戒長老住石塔疏

大士未曾說法，誰作金毛之聲。衆生各自開堂，何關石塔之事，去無作相，住亦隨緣。長老戒公，開不二門，施無盡藏。念西湖之久別，本是偶然，爲東坡而少留。無不可者，一時作禮，重聽白椎。渡口船回，依舊空山之色，秋來雨過，一新鐘鼓之音。

十一、雜文

怪石供

禹貢青州有鉛松怪石，解者曰：怪石石似玉者。今齊安江上，往往得美石，與玉無辨，多紅黃白色。其文如人指上螺。精明可愛，雖巧者以意繪畫，有不能及。豈古所謂怪石者耶，凡物之醜好，生于相形，吾未知其果安在也。使世間石皆若此，則今之凡石覆爲怪矣。海外有形語之國，口不能言而相喻以形，其以形語也，捷于口，使吾爲之，不已難乎。故夫天機之動忽焉而成，而人眞以爲巧也。雖然，自禹以來怪之矣。齊安小兒浴于江，時有得之者。戲以餅餌易之，既久，得二百九十有八枚。大者兼寸，小者如棗栗、菱芡。其一如虎豹，有口鼻眼處，以爲群石之長。又得古銅盆一枚以盛石，挹水注之粲然。而廬山歸宗佛印禪師適有使至，遂以爲供。禪師嘗以道眼，觀一切世間。混淪空洞，了無一物，雖夜光尺璧與瓦礫等，而況此石。雖然願受此供，灌以墨池水，強爲一唄。使自今已往，山僧野人，欲供禪師而力不能辦，衣服、飲食、臥具者皆得，以淨水注石爲供，蓋自蘇子瞻始。

後怪石供

蘇子既以怪石供佛印，佛印以其言刻諸石。蘇子聞而笑曰：是安所從來哉。予以餅易諸小兒者也，以可食易無用。予既足笑矣，彼又從而刻之。今以餅供佛印，佛印必不刻也。石與餅何異。參寥子曰：然，供者幻也，受者亦幻也，刻其言者亦幻也。夫幻何適而不可。舉手而示蘇子曰：拱此而揖人人莫不喜，戟此而詈人人莫不怒。同是手也。而喜怒異世，未有非之者也。子誠知拱戟之皆幻，則喜雖存而根亡。刻與不刻無不可者。蘇子大笑曰：子欲之耶，乃亦以供之。凡二百五十并二石槃云。

十二、書

答范蜀公書

承別紙示諭，麴蘗有毒，平地生，出醉鄉。土偶作祟，眼前妄見佛國。公欽哀而救之。問所以救者。小子何人，固不敢妄對。公方立仁義以爲城池，操詩書以爲干楯，則舟中之人盡爲敵國。雖公盛德。小子亦未知勝負所在，願公宴坐靜室，常作是念。當觀彼能惑之性，安所從生。又觀公欲救之心，作何形叚。此猶不立，彼復何依。雖黃面瞿曇，亦須斂袵，而況學之者耶。聊復信筆以發公千里一笑而已。

答畢仲舉書

所云讀佛書，及合藥救人二事，以爲閑居之賜。甚厚。佛書舊亦常看，但闇塞不能通其妙。獨時取其麤淺。假說以自洗濯，若農夫之去草，旋去旋生。雖若無益，然終愈於不去也。若世之君子所謂超然玄悟者，僕不識也。往時陳述古好論禪。自以爲至矣。而鄙僕所言爲淺陋。僕嘗語述古，公之所談，譬之飲食龍肉也。而僕之所學，豬肉也。豬之與龍，則有間矣。然公之終日說龍肉，不如僕之食豬肉，食美而眞飽也。不知君所行於佛書者果何耶。爲出生死超三乘，遂作佛乎。抑尚與僕輩俯仰也。學佛老者，本期於靜而達，靜似懶，達似放。學者或未至其所期，而先得其所似，不爲無害。僕常以此自疑，故以爲獻。來書云：處世得安穩無病，粗衣飽飯，不造冤業，乃爲至足。三復斯言，感歎無窮。世人所作舉足動念，無非是業，不必刑殺無罪，取非其有，然後爲冤業也。無緣面論，以當一笑而已。

答參寥書

淨慧琳老及諸僧至，因見致懇，知爲默禱於佛。令亟還中州，甚荷至意。自揣省事以來，亦粗爲知道者。但道必數起，數爲世欒所移奪，恐是諸佛知其難化。故以萬里之行相調伏耳。少游不憂其不了此境，但得他老兒不動懷，其餘不足云也。

修養帖寄子由

任性逍遙，隨緣放曠。但盡凡心，別無勝解。以我觀之凡心盡處，勝解卓然。但此勝解，不屬有無，不通言語，故祖師教人到此便住。如眼翳盡，眼自有明。醫師只有除翳藥，何曾有求明藥。明若可求，即還是翳。固不可於翳中求明，即不可言翳外無明。而世之昧者，便將頹然無知認作佛地。若如此是佛，貓兒狗兒，得飽熟睡，腹搖鼻息，與土木同。當恁麼時，可謂無一毫思念，豈謂貓狗已入佛地。故凡學者，觀妄除愛，自粗及細，念念不忘，會作一日，得無所住。弟所教我者，是如此否。因見二偈警策，孔君不覺聳然，更以聞之。書至此，牆外有悍婦與夫相毆，詈聲飛灰火，如豬嘶狗嘷。因念他一點圓明，正在豬嘶狗嘷裏面，譬如江河鑒物之性，長在飛砂走石之中。尋常靜中推求，常患不見。今日鬧裏忽捉得些子。元豐六年三月二十五日。

十三、雜志

●近讀六祖壇經，指說法報化三身，使人心開目開。然尚少一喻。試以喻眼見是法身，能見是報身，所見是化身。何謂見是法身，眼之見性，非有非無。無眼之人，不免見黑，眼枯睛亡，見性不滅，故云見是法身。何謂能見是報身，見性雖存，眼根不具，則不能見，若能安養其根，不爲物障。常使光明洞徹，見性乃全。故云能見是報身。何謂所見是化身，根性既全，一彈指頃，所見千萬，縱橫變化，俱是妙用，故云所見是化身。此喻既立，三身愈明，如此是否。

●觀音經云：呪咀諸毒藥，所欲害身者，念彼觀音力，還著於本人。東坡居士曰：觀音慈悲者也，今人遭呪咀，念觀音之力而使還著於本人。則豈觀音之心哉。今改之曰：呪咀諸毒藥，所欲害身者，念彼觀音力，西家總沒事。

●泗洲大聖僧伽傳云：和尚何國人也。又世云：莫知其所從來，云：不知何國人也。近讀隋史西域傳，乃有何國。予在惠州，忽被命責儋耳。太守方子容自携告身來。且弔予曰：此固前定可無恨。吾妻沈素事僧伽謹甚，一夕夢和尚告別，沈問所往，答曰：

當與蘇子瞻同行，後七十二日，當有命令。今適七十二日矣。豈非前定乎。余以謂事之前定者，不待夢而知，然予何人也。而和尙辱與同行，得非夙世有少緣契乎。

●袁宏漢紀曰：浮屠，佛也。西域天竺國有佛道焉。佛者漢言覺也，將以覺悟群生也，其教也，以修善慈心爲主，不殺生，專務清淨。其精者爲沙門。沙門漢言息也。蓋息意去欲，歸於無爲。又以爲人死，精神不滅，隨復受形。生時善惡皆有報應，故貴行修善道以煉精神。以至無生而得爲佛也。東坡居士曰：此殆中國始知有佛時語也。雖淺近，大略具足矣。野人得鹿正爾煮食之耳，其後賣與市人，遂入公庖中，饌之百方。然鹿之所以美，未有絲毫加於煮食時也。

●身如芭蕉，心如蓮花，百節疏通，萬竅玲瓏，來時一，去時八萬四千。此義出楞嚴。世未有知之者也。元符三年九月二十一日書贈都嶠邵道士。

●元符三年八月，予在合浦，有老人蘇佛兒來訪。年八十二，不飲酒食肉，兩目爛然，蓋童子也。自言十二歲齋居修行，無妻子，有兄弟三人，皆持戒念道，長者九十二，次者九十，與論生死事，頗有所知，居州城東南六七里，佛兒嘗賣菜之東城，見老人言即心是佛，不在斷肉。予言勿作此念，衆人難感易流。老人大喜曰：如是！如是！

●錢塘壽禪師，本北郭稅務專知官。每見魚蝦，輒買放生，以是破家，後遂盜官錢爲放生之用。事發，主死。領赴市矣。吳越錢王使人視之，若悲懼如常人即殺之。否則捨之。禪師淡然無異色，乃捨之。遂出家，得法服淨禪師應以市曹得度。故菩薩乃現市曹以度之，學出生死法，得向死地走，這一遭抵三十年修行。吾竄逐海上，去死地稍近，當於此證阿羅漢果。

●世人有見古德，見桃花道悟者，爭頌桃花，便將桃花作飯，五十年轉沒交涉。正如張長史見擔夫與公主爭路，而得草書之氣，欲學長史書，便日：就擔夫求之，豈可得哉。

十四、禪喜紀事

●蘇子由謫高安，雲安時時相過。有聰禪師亦蜀人，一夕雲安夢同子由，聰迎五祖戒禪師。既覺，語子由而聰亦至。子由曰：方與洞山說夢，子今來同說夢乎。聰曰：夜來夢吾三人迎戒和尚。子由曰：世間果有同夢者。久之，東坡書至曰：已至奉新，旦夕相見。三人喜出城而坡至，則以語坡。坡曰：軾七八歲常夢是僧。又先妣方孕時，夢一僧來托宿。及謫英州，雲遣書至南昌。坡引帋大書曰：戒和尚又錯脫也。後監玉局觀，作偈答南華長老曰：惡業相纏四十年，常行八棒十三禪，卻著衲衣歸玉局，自疑身是五通仙。

●蘇子瞻九日尋臻闍黎，遂泛小舟，至惠勤師院。詩云：白髮長嫌歲月侵，病眸兼怕酒杯深。南屏老宿閒相訪，東閣郎君懶重尋。試碾露芽烹白雪，休拈霜蕊嚼黃金。扁舟又載平湖去，欲訪孤山支道林。

●有室曰楞伽，宋太子少保張安道自翰林學士出守滁州。一日入瑯琊山藏院呼梯，梯梁得木匣，發而視之，乃楞伽經也。怳然覺其前身，蓋知藏僧也，寫楞伽經未終而化。安道續書殘軸，筆跡宛然如昔。元豐末，東坡居士蘇軾過南都，安道出此經授軾，且以錢三十萬，使鏤板印施於江淮間。軾曰：此經在他人猶爲希世之寶，況於公乎，請家藏爲子孫無窮之福。金山童遊寺主僧了元謂軾曰：印施有盡，書而刻之則無盡矣。軾乃留金山，元請代書之，使侍者曉機走錢塘，求善工鏤板，流傳四方。乾道丙子主僧寶印，即軾寫經處，扁曰：楞伽室。

●風篁嶺多蒼筤篠蕩，風韻淒清。至此林壑深沈，迴出塵表，流淙活活，自龍井而下，四時不絕。嶺故叢薄荒密。元豐中僧辨才淬治潔楚，名曰風篁。蘇子瞻訪辨才龍井，送至嶺上，左右驚曰：遠公過虎溪矣。辨才笑曰：杜子有云：與子成二老，來往亦風流，遂作亭嶺上名曰：過溪，亦曰二老。子瞻紀之，詩云：日月轉雙轂，古今同一丘。惟此鶴骨老，凜然不知秋。去住兩無礙，人士爭挽留。去如龍出水，雷雨捲潭湫。來如珠還浦，魚鱉爭駢頭。此生暫寄寓，常恐名實浮。我比陶令愧，師爲遠公優。送我過虎谿，溪水當逆流。聊使此山人，永記二老游。大千在掌握，寧有別離憂。

●東坡在惠州時，其家居江浙。以地遠無人致書爲憂。有道人卓契順者，慨然嘆曰：惠州不在天上，行即到矣。因請書以行。佛印因致書云：常讀退之送李愿歸盤谷序，愿不遇知於主上者，猶能坐茂樹以終日。子瞻中大科，登金門，上玉堂，遠放寂寞之濱，權臣忌子瞻爲宰相耳。人生一世間如白駒之過隙，二三十年，功名富貴，轉盼成空。何不一筆勾斷，尋取自家本來面目。萬劫常住，永無墮落。縱未得到如來地，亦可以驂鸞鶴，翺翔三島，爲不死人。何乃膠柱守株，待入惡趣。昔有問師佛法在甚麼處，師云：在行住坐臥處，著衣吃飯處，痾屎撒溺處，沒理沒會處，死活不得處。子瞻胸中有萬卷書，下筆無一點塵。到這地位，不知性命所在，一生聰明要做甚麼。三世佛則是一個有血性的漢子。子瞻若能腳下承當，把三二十年富貴功名賤如泥土。努力向前，珍重珍重。

●哲宗問左右，蘇軾襯朝章者何服。對曰：道衣，南行時帶一軸彌陀。曰：此軾生西方公據也。

●子由誦楞嚴經，悟一解六亡之義。自言於此道更無礙然。其作風痺詩：乃有數盡吾則行，未應墮冥漠之句。則於理尙有礙也。而東坡乃謂子由：聞道先我何耶。東坡奉新別子由詩云：何以解我憂，粗了一事大。笑遯兒詩云：中年忝聞道，夢幻講以詳。故贈錢道人詩云：首斷故應無斷者，冰消那復有冰知。主人苦苦令儂認，認主人人竟是誰。又云：有主還須更有賓，不如無鏡自無塵。只從半夜安心後，失卻當年覺痛人。贈東林總老詩云：溪聲便是廣長舌，山色豈非清淨身。夜來八萬四千偈，他日如何舉似人。如此善句，雖宿老衲不能屈也。

●東坡元豐末年，得請歸耕陽羨，舟次瓜步以書抵金山了元禪師曰：不必出山，當學趙州三等接人。元得書徑來，東坡迎笑問之。以偈爲獻曰：趙州當日少謙光，不出山門見趙王，爭似金山無量相，大千都是一禪床。東坡拊掌稱善。

●東坡求龍井辨才師塔碑於黃門書云：兄自覺談佛不如弟。今此文見欒城後集。又天竺海月塔碑以坡與之游，故銘云：我不識師面，知其心中事。儒者談佛爲坡公所取，惜火失其書翰。

●錢塘西湖壽星寺老僧則廉，言先生作郡倅日。始與參寥子同登方丈，即顧謂參寥曰：某生平未嘗至此，而眼界所視皆若素所經歷者，自此上至懺堂，當有九十二級。即謂參寥子曰：某前身山中僧也。今日寺僧皆吾法屬耳。後每至寺，即解衣盤礴，久而始去。則廉時爲僧雛侍側。每暑月袒露竹陰間，細視公背，有黑子若星斗狀，世人不得見也。即北山君謂顏魯公曰：誌金骨記名仙籍是也。

●仲殊嗜蜜，思聰嗜琴。東坡詩所謂招得琴聰與蜜殊者是也。仲殊善詞，而小調尤勝，如訴衷情、詠西湖、詠夏景，風流蘊藉，不減少年，然恐非蓮社本色也。

●雲閣黎者居寶山，蘇子佐都游寶山，偶入方丈，小院闃然，有僧隱几低頭讀書，與之語，漠然不對。問其鄰僧曰：此雲閣黎也。不出十五年矣，不數月卒。蘇子再往訪之，吊以詩云：雲師來寶山，一住十五秋。讀書常閉戶，客至不舉頭。去年造其室，清坐忘百憂。我初無言說，師亦無對酬。今來復扣戶，空房但颼颼。云已滅無餘，薪盡火不留。郤疑此室中，常有斯人否。所遇孰非夢，事過吾何休。

●蘇子瞻守杭日，有妓名琴操，頗通佛書，解言辭。子瞻喜之，一日游西湖，戲語琴操曰：我作長老，汝試參禪。琴操敬諾。子瞻問曰：何謂湖中景。詩曰：落霞與孤鶩齊飛，秋水共長天一色。何謂景中人，對曰：裙拖六幅湘江水，髮挽巫山一段雲。何謂人中意。對曰：隨他楊學士，鱉殺鮑參軍。如此究竟何如。子瞻曰：門前冷落車馬稀，老大嫁作商人婦。琴操言下大悟，遂削髮爲尼。

●子瞻在黃州，參寥子自錢塘訪之。酒中，子瞻令官妓馬娉娉乞詩於參寥子，參寥子口占云：多謝尊前窈窕娘，好將幽夢惱襄王，禪心已作粘泥絮，不逐春風上下狂。子瞻喜曰：予嘗見柳絮落泥中謂可入詩料，不意此老收得可惜也。

●蘇子瞻嘗謂余曰：釋氏之徒，諸佛教法所繫，不可以庶俗待之，或有事至庭下，則吾徒當以付囑流通爲念，與之潤略可也。

●皎然禪師贈吳馬處士詩云：世人不知心是道，只言道在他方妙，還如瞽者望長安，長安在東望西笑。東坡代答曰：寒時使懼熱時風，饑漢那知食藥功，莫怪禪師向西笑，緣師身在長安東。

●人間無漏仙，兀兀三盃醉。世上無眼禪，昏昏一覺睡。雖然無交涉，其奈略相似。相似尚如此，何況眞個是。余奉使關西，見邸店壁上書此數句，愛而誦之，故海上作濁醪，有妙理賦曰：嘗因既醉之適，方識此心之正，此老言心之正，與孟子言人之性善何異。

●東坡遊廬山至東林作二偈曰：溪聲便是廣長舌，山色豈非清淨身。夜來八萬四千偈，他日如何舉似人。横看成嶺側成峰，遠近看山了不同。不識廬山眞面目，只緣身在此山中。山谷曰：此老於般若。横說豎說，了無剩語。非筆端有口，安能吐此不傳之妙乎。

●東坡居士過龍光，求大竹作肩輿，得兩竿。時南華珪首座方受請爲北山長老，乃留一偈院中，待其至授之以爲他時語錄。中第一問云：斫得龍光竹兩竿，持歸嶺上萬人看。竹中一滴曹溪水，漲起江頭十八灘。

●東坡南遷，有侍兒王朝雲，請從行。坡准之，作詩有序云：世謂白樂天有鬻駱馬放楊枝詞佳，其至老病不忍去也。然夢得詩云：春盡絮飛留不得，隨風好去落誰家。樂天亦曰病與樂天相伴住，春隨樊素一時歸。則樊素竟去也。余有數妾，四五年間，相繼別去，獨朝雲隨余南遷。因讀樂天詩，戲作此贈之云：不學楊枝別樂天，且同通德伴伶玄。阿奴絡秀方同老，天女維摩摠解禪。經卷藥鑪新活計。舞衫歌扇舊因緣。丹成逐我三山去，不作巫陽雲雨仙。蓋紹聖元年十一月也。三月七日朝雲卒，葬於西禪寺松林中。直大聖塔。和前詩云：苗而不秀豈其天，不使童烏與我玄。駐景恨無千歲藥，贈行惟有小乘禪。傷心一念償前債，彈指三生斷後緣。歸臥竹根無遠近，夜深惟禮塔中仙。

●予過濟南龍山鎮，監稅宋寶國出王氏華嚴經解相示曰：公之於道可謂至矣。予問寶國華嚴有八十卷，今獨解其一，何也。寶國曰：王氏謂我，此佛語深妙，其餘皆菩薩語爾。予曰：予藏經取佛語數句置菩薩語中，復取菩薩語置佛語中。子能識其是非乎。曰：不能也。非獨子不能，王氏亦不能。予昔在岐下，聞沂陽豬肉至美，遣人置之，使者醉，豬夜逸，置他豬以償。吾不知也，而與客食，皆大詫以為非他產所及，已而事敗，客皆大慚。今王氏之豬未敗耳，昔者買肉娼女歌或因以悟，若一念清淨，牆壁瓦礫，皆說無上法，而云佛語深妙，菩薩不及，豈非夢中語乎。寶國曰：唯唯。

●東坡云：日者王寔王寧見訪。寔韓持國少傅之壻也。因問持國安否，寔寧皆曰：自致政尤好觀伎。嘗自謂人曰：吾已臨老，且將聲樂酒色以娛年，不爾，無以度日。東坡曰：惟其殘年，正不當爾，君兄弟至親且舊，願爲某傳一語於持國，可乎。寔寧曰：諾。坡曰：頃有一老人，未嘗參禪而雅合禪理。死生之際，極爲了然。一日置酒大會親友，酒闌語衆曰：老人即今且去，因攝衣正坐，將奄奄焉。諸子乃遑遽呼號曰：大人今日乃與世訣乎，願留一言爲教。老人曰：本欲無言，今爲汝懇，只是第一五更起。諸子未諭曰：何也。老人曰：惟五更可以勾當自家事。日出之後欲勾當則不可矣。諸子曰：家中幸豐，何用早起，舉家諸事，皆是自家事也，豈有分別。老人曰：不然。所謂自家事者是死時將得去者，吾平生治生今日就化，可將何者去，諸子頗悟。今持國果自以謂殘年，請二君言與持國。但言某請持國勾當自家事，與其勞心聲酒，不若爲可以死時將去者計也。坡又曰：范景仁平生不好佛，晚年清愼，減節嗜慾。一物不芥蒂於心。眞卻是學佛作家，然至死常不取佛法。某謂景仁雖不學佛而達佛理，雖毀佛罵祖亦不害也。

●東坡泛潁詩，散爲百東坡，頃刻復在茲，劉須溪謂本傳燈錄按傳燈錄。良价禪師因過水覩影而悟，有偈云：切忌從他覔，迢迢與我疎。我今獨自往，處處得逢渠，渠今正是我，我今不是渠。蘇東坡自謂竄逐海上，去死地稍近，心頗憂之。願學壽禪師放生以證善果。敬以亡母蜀郡太君程氏遺留簪珥，盡買放生，以薦父母冥福。其子邁在東坡之側，見所買放生，盈軒蔽地。或掉尾乞命，或悚翅哀鳴。邁憐悲其意，亟請放之。旁有侍妾名朝雲，見邁衣衿有蝡動，視之乃蝨也。妾遽以指爪隕其命。東坡訓之曰：聖人言近取諸身，遠取諸物。我今遠取諸物以放之，汝今近取諸身以殺之耶。妾曰：奈囓我何。東坡曰：是汝氣體感召而生者，不可罪彼。要當捨而放之，可也。今人殺害禽魚之命，是豈禽魚齧人耶。妾大悟，自後罕茹腥物，多食蔬菜而已。東坡舅氏諭之曰：心即是佛，不在斷肉。東坡曰：不可作如是言。小人女子難感易流，幸其作如是相，有何不可。

●黃魯直謂子瞻曰：鳥之將死，其鳴也哀。某適到市橋，見生鵝繫足在地，鳴叫不已。得非哀祈於我耶。子瞻曰：某昨日買十鳩，中有四活，即放之。餘者幸作一盃羹。今日吾家常膳，買魚數斤以水養之。活者放而救渠命，殪者烹而悅吾口，雖腥羶之慾，未能盡斷，且一時從權爾。魯直曰：吾兄從權之說善哉。魯直因作頌曰：我肉衆生肉，名殊體不殊。元同一種性，只是別形軀，苦惱從他受，肥甘爲我須。莫教閻老判，自揣看何如。子瞻聞斯語，愀然嘆曰：我猶未免食肉，安知不被閻老之責乎。

●師民瞻詩注云：佛印禪師，法名了元，饒州人。公久與之遊，時住持潤州金山寺，公赴杭過潤，爲留數月。一日値師挂牌與弟子入室，公便服入方丈見之。師云：內翰何來此間無坐處。公戲云：暫借和尚四大，用作禪床。師曰：山僧有一轉語，內翰言下即答，當從所請，如稍涉擬議，所係玉帶願留以鎭山門。公許之。便解玉帶置几上。師云：山僧四大本無，五蘊非有，內翰欲於何處坐。公擬議未即答。師急呼侍者云：收此玉帶，永鎭山門。公笑而與之。師遂取衲裙相報。因有二絕，公次韻答之。余嘗聞廣漢天寧泰長老話其事。泰云：是時在金山挂搭，目擊公與元老問答如此，余故敘於題下，使后人知其本末云：

病骨難堪玉帶圍，純根仍落箭鋒機。欲教乞食歌姬院，故與雲山舊衲衣。

此帶閱人如傳舍，流傳到我亦悠哉。錦袍錯落眞相稱，乞與佯狂老萬回。

●子由在筠作東軒記，或戲之爲東軒長老。其壻曹煥往筠，余作一絕句送曹以戲子由。曹過廬山出以示圓通愼長老。愼欣然亦作一絕，送客出門歸入室。趺坐化去。子由聞之，乃作一絕一以答予，一以答愼。明年余過圓通始得其詳，乃追次愼韻。

君到高安幾日回，一時得藪舊塵埃。贈君一籠牢收取，盛取東軒長老來。

東軒長老未相逢，已見黃州一信通。何必揚眉資自擊，須知千里事同風。
東軒只似虛空樣，何處人家籠解盛。縱使盛來無處著，雪堂自有老師兄。
擔頭挑得黃州籠，行過圓通一笑開。卻到山前人已寂，亦無一物可擔回。
大士何曾有生死，小儒底處覓窮通。偶留一吷千山上，散作人間萬竅風。

●舊說房琯開元中，嘗宰盧氏與道士邢和璞出遊，過夏口村，入廢佛寺，坐古松下，和璞使人鑿地，得甕中所藏。婁師德與永禪師書，謂琯曰：頗憶此耶。琯因悵然，悟前生之爲永師也。故人柳子玉寶此畫，云是唐本宋復古所臨者，元祐六年三月十九日，予自杭州還朝，宿吳松江，夢長老仲殊挾琴過予，彈之有異聲，就視，琴頗損，而有十三絃，予方歎惜不已。殊曰：雖損尙可修。曰：奈十三絃何。殊不答，誦詩云：度數形名本偶然，破琴今有十三絃，此生若遇邢和璞，方信秦箏是響泉。予夢中了然，識其所謂，既覺而忘之。明日晝寢復夢殊來，理前語，再誦其詩。方驚覺而殊適至，意其非夢也。問之，殊蓋不知。是歲六月見子玉之子子文，京師求得其畫，乃作詩并書所夢其上。子玉名瑾，善作詩及行草書。復古名迪，畫山水草木，蓋妙絕一時，仲殊本書生，棄家學佛，通脫無所著，皆奇士也。